O QUE É ISTO – AS GARANTIAS PROCESSUAIS PENAIS?

COLEÇÃO O QUE É ISTO?

Diretor/Organizador
Lenio Luiz Streck

Conselho Editorial
Lenio Luiz Streck
Jose Luis Bolzan de Morais
Leonel Severo Rocha
Ingo Wolfgang Sarlet
Jania Saldanha

Dados Internacionais de Catalogação na Publicação (CIP)

S914o Streck, Lenio Luiz
   O que é isto – as garantias processuais penais? / Lenio Luiz Streck, Rafael Tomaz de Oliveira. 2. ed. rev. atual. e ampl. – Porto Alegre: Livraria do Advogado, 2019.
   140 p.; 21 cm. – (Coleção O Que é Isto? – 2)
   ISBN 978-85-9590-069-1

   1. Teoria do direito. 2. Filosofia do direito. I. Oliveira, Rafael Tomaz de. II. Título.

CDU – 340.12

Índices para o catálogo sistemático
Filosofia do direito   340.12
Teoria do direito   340.12

(Bibliotecária responsável: Sabrina Leal Araujo, CRB-8/10213)

Coleção O QUE É ISTO?
VOLUME 2

Lenio Luiz Streck
Rafael Tomaz de Oliveira

O que é isto – as garantias processuais penais?

2ª EDIÇÃO – revista, atualizada e ampliada

livraria
DO ADVOGADO
editora

Porto Alegre, 2019

©
Lenio Luiz Streck
Rafael Tomaz de Oliveira
2019

Fechamento do texto para
publicação em outubro de 2018

Projeto gráfico e diagramação
Livraria do Advogado Editora

Projeto da capa
Clarissa Tassinari

Gravura da capa
"Tribunal da Inquisição", por Francisco de GOYA, em 1812-19

Revisão
Rosane Marques Borba

Direitos desta edição reservados por
Livraria do Advogado Editora Ltda.
Rua Riachuelo, 1300
90010-273 Porto Alegre RS
Fone/fax: 0800-51-7522
editora@doadvogado.com.br
www.doadvogado.com.br

Impresso no Brasil / Printed in Brazil

Dedicamos esta obra a Rosane, a Malu, a Carol e aos pequenos Henrique e Santiago.

Nota à 2ª Edição

O livro que oferecemos ao público leitor, agora em sua 2ª edição, difere substancialmente daquele que veio a lume em 2012. Com efeito, para esta nova edição, o texto foi revisto, ampliado e atualizado. Contudo, aquilo que caracteriza essencialmente a coleção *O que é isto?* permanece presente nas reflexões que aqui encaminhamos: uma análise crítica e originária de conceitos jurídicos fundantes. No caso específico, as *garantias processuais penais*.

Originalmente, o trabalho derivou de uma pesquisa – levada a cabo entre 2009 e 2011 no âmbito do Programa de Pós-Graduação em Direito da UNISINOS-RS – que possuía o objetivo básico de refletir sobre o estado d'arte das garantias processuais penais na "jurisprudência"[1] do Supremo Tribunal Federal (STF). Naquela oportunidade, instalamos uma espécie de "observatório" em torno das decisões mais significativas do Pretório Excelso em matéria de processo penal, especialmente questões ligadas

---

[1] Atualmente, há quem critique, com certo vigor, o caráter lotérico e individualista das decisões da Corte. Nesse recorte de análise, o termo "jurisprudência", utilizado para se referir ao conjunto de decisões do STF, só poderia ser articulado no uso de "licença poética", uma vez que não é possível encontrar consistência entre decisões de casos semelhantes, aptas a indicar um padrão comum e que gere algum tipo de expectativa de repetição para os casos futuros. Ao contrário, existem exemplos de sobra de decisões ambíguas envolvendo temas idênticos, tais quais, prisão e/ou afastamento de parlamentares do exercício de suas funções (os casos emblemáticos, nesse sentido, estão relacionados aos Senadores Delcídio Amaral e Aécio Neves, bem como do Deputado Eduardo Cunha); possibilidade de execução provisória da pena após decisão condenatória de segunda instância, etc. Há casos em que o próprio plenário produziu decisões inconsistentes; e, em outros, visualiza-se um desencontro entre a posição firmada no julgamento em plenário e aquela assentada isoladamente pelos Ministros, em decisões monocráticas, *v.g.*, liminares concedidas em HC's (no caso, o exemplo seria o entendimento majoritário produzido no julgamento do HC 126.292, acerca da possibilidade da execução provisória da pena, e o entendimento individual de alguns Ministros que concediam liminares fundadas no entendimento anterior, de que a prisão imediatamente após decisão de segunda instância e da qual pendiam recursos aos Tribunais Superiores seria contrária ao princípio da presunção de inocência, importando em verdadeira antecipação da pena).

à dimensão assumida pelo princípio acusatório – na época, tencionada pelas discussões em torno do anteprojeto de Código de Processo Penal (CPP) –, bem como de questões que produziam algum tipo de interface entre os temas das prisões preventivas, da garantia de presunção de inocência e os aspectos mais propriamente dogmáticos de manejo da preventiva, tais quais: as questões relativas ao requisito da *garantia da ordem pública* e sua articulação com elementos extralegais, *v.g.*, *gravidade do crime, risco de continuidade delitiva*, etc. Também nos ocupamos daquilo que, naquele momento, despontava no horizonte como um gérmen da relativização da garantia de presunção de inocência pela jurisprudência da Corte, quando, no âmbito da legislação eleitoral, o STF entendeu como adequadas à Constituição as medidas da Lei Complementar 135/2010 (Lei da Ficha Limpa) que possibilitavam a restrição de direitos políticos a partir de uma série de decisões carentes de trânsito em julgado e, por conseguinte, ainda não imunizadas pela coisa julgada.

Para essa segunda edição, o horizonte interpretativo mostrou-se bastante alterado. De fato, nos últimos quatro anos, o processo penal tem sofrido impactos constantes de intervencionismos judiciais excessivos e de exercícios de afirmações solipsistas/moralistas oriundas de interpretações voluntaristas realizadas pelo Poder Judiciário.

A confluência de uma opinião pública que, desde pelo menos junho de 2013, dava mostras de insurreição contra o *establishment* político, desencadeando uma certa *ira vingativa* (no sentido empregado ao termo por Peter Sloterdijk) contra aquilo que ficou conhecido como o modo "tradicional" (*sic*) de se fazer política no Brasil, com um contexto de vazamentos de conteúdos de investigações e, especialmente, de delações premiadas envolvendo figuras proeminentes do mundo político, tornou propício, ao menos no nível da grande mídia, uma certa aceitação do discurso de exceção promovido por alguns atores do sistema de justiça, principalmente – mas não exclusivamente – daqueles responsáveis pela chamada "operação lava-jato".

Em um contexto como esse, o campo do Direito que mais sofreu/sofre com a construção de uma certa "elasticidade semântica" *ad hoc*, é exatamente o processo penal. Isso porque, o processo penal é a instituição jurídica que se ocupa da "gestão da ira vingativa", individual e/ou coletiva. É o processo penal – e as garantias processuais penais são o grande marco civilizatório neste sentido – que deve(ria) nos afastar de nossos instintos mais básicos, substituindo nossa ação primária e quase incontrolável de repelir a ofensa com um contra-ataque súbito de ira, por uma "ação" controlada (modernamente assumida pelo Estado), dentro de um procedimento considerado "justo" (*due process*) do ponto de vista político (dominando aquilo que nas tragédias gregas aparecem, liricamente, como as deusas da vingança, "Erínias").

O uso indiscriminado de prisões preventivas com fundamentação diversa daquela vinculada pelo art. 312 do CPP; o uso heterodoxo da condução coercitiva que, no limite, se assemelha a uma figura – inconstitucional – de prisão temporária; relativização da garantia de presunção de inocência; relativização na garantia de proibição de utilização de provas ilícitas; atribuição de carga probatória ao réu, etc. Estes são exemplos claros de ultrapassagem das barreiras civilizatórias instituídas pelo processo penal, em direção ao exercício estatal ou coletivo da vingança.

É claro que todos os elementos citados no parágrafo anterior provocam um ruído na compreensão do conceito de garantias processuais. Instala-se, portanto, uma crise na compreensão de tal conceito. Essa crise, em termos fenomenológico-hermenêuticos, significa que deixamos de operar com a coisa como se ela estivesse "presente à mão" (*Zuhandenheit*) e passamos a exercer uma certa atividade contemplativa – de cunho teórico (*Vorhandenheit*) – na perspectiva de reconstruir a cadeia de significados perturbada pela crise instalada na compreensão.

A este fenômeno, no contexto de objetos que preside nossa análise, demos o nome de *crise na compreensão das garantias processuais penais.*

Essa crise na compreensão de tal instituição do processo penal não acontece apenas no contexto atual. Ainda na década de 1990, encontramos um ruído da mesma intensidade quando, por ocasião da promulgação da Constituição de 1988, tivemos a introdução, entre nós, de um modelo penal acusatório que contrastava intensamente com o regime inquisitório que revestia o CPP de 1941. Pela primeira vez, no Brasil, possuíamos um conjunto normativo de direitos que colocavam o processo penal num patamar democrático. Essa primeira crise na compreensão, contudo, tinha um agente de promoção marcadamente civilizatório e altamente democrático.

A crise que nos acomete em nosso contexto atual é diversa e pode ser considerada uma *crise de retração*. De fato, estamos, agora, no efeito reverso daquele que havia sido promovido pelo "ruído" anterior: não é um sopro civilizatório que está a nos impulsionar na mudança temática da lida com o conceito, mas, sim, uma tendência para a retomada de contextos de uso, manifestados em certas práticas de nosso sistema de justiça, que deveriam ter sido apagados com o advento da Constituição de 1988.

O livro é imbuído, também, de uma pretensão de objetividade hermenêutica. Ou seja: não nos interessa aqui propalar algum tipo de "ideologia processual-penal" (seja ela libertária ou punitivista). Um de nossos pressupostos metodológicos – que se mantém firme desde a primeira edição – é realizar uma análise "do caso", de forma a pensar o processo como equilíbrio e a jurisdição como imparcialidade.

Eis o porquê de *O que é isto – As Garantias processuais penais?* ser um livro tão oportuno para pensarmos o Direito no Brasil contemporâneo. Não está em jogo, aqui, apenas a tutela penal dos chamados "crimes do colarinho branco"; ou do "combate à corrupção endêmica". Cuida-se de perceber que o modelo de processo penal que se funda em 1988 deve ser aplicado, com igualdade de consideração e respeito, para todos aqueles que, em algum momento da vida, possam se encontrar envolvidos, em algum nível, com os instrumentos estatais de persecução criminal. É com o selo da igualdade no âmbito do processo penal que buscamos levar a cabo neste pequeno estudo aquela que deve ser a tarefa por excelência do jurista contemporâneo comprometido com os conteúdos normativos de um Estado Democrático de Direito: produzir um tipo de reflexão que, a partir de uma imersão hermenêutica no passado, possa iluminar as conquistas civilizatórias que deve(ria)m governar nosso futuro. Trata-se, como queremos mostrar no conjunto dos textos que compõem este livro, de uma questão de princípio.

Por fim, registramos um agradecimento especial à Livraria do Advogado Editora, por ter-nos proporcionado essa oportunidade de revisitação desta obra e pela honra que nos confere ao trazer a público esta segunda edição.

Porto Alegre/Ribeirão Preto, outubro de 2018.

Os Autores

Sumário

1. **Notas Introdutórias: o caminho principiológico a ser seguido**............13
   1.1. Colocação do tema..13
   1.2. Indicações metodológicas e conceitos operacionais....................17
   1.3. Estrutura e forma de trabalho..20
2. **Configurações contemporâneas da Teoria Processual e seus reflexos nas garantias processuais de cunho instrumental**........................26
   2.1. O processo penal como ciência hermenêutica e os riscos de ideologização da Teoria Processual..26
   2.2. Garantias processuais penais de cunho instrumental – os remédios constitucionais aplicados ao processo penal...............................31
      2.2.1. O *Habeas Corpus*..31
      2.2.2. O Mandado de Segurança..41
3. **Garantias processuais penais e a jurisprudência do Supremo Tribunal Federal: uma crítica hermenêutica**...................55
   3.1. Garantias processuais do (e no) sistema acusatório....................55
      3.1.1. O juiz e o problema da "gestão da prova"......................57
         3.1.1.1. O uso heterodoxo da "condução coercitiva" e sua incompatibilidade com o princípio acusatório..........60
         3.1.1.2. Prova obtida por meio ilícito..............................66
         3.1.1.3. Prova ilícita de boa-fé.......................................68
      3.1.2. A participação do juiz no inquérito torna suspeita sua competência para futura ação penal?..............................71
      3.1.3. A garantia da ampla defesa e a necessidade de defesa técnica efetuada por advogado nas causas de competência dos Juizados Especiais Federais..73
      3.1.4. O Princípio acusatório e as nulidades processuais: equívocos e incompreensões na interpretação oferecida pelos Tribunais para o art. 212 do CPP...76
   3.2. A presunção de inocência e as prisões cautelares: da construção jurisprudencial à previsão legislativa – a possibilidade de a gravidade do crime constituir critério determinante da decretação da prisão preventiva...83
      3.2.1. Presunção de inocência I: a possibilidade de decretação da prisão preventiva sob o fundamento da gravidade do crime.....87

3.2.2. Presunção de inocência II: da aplicação *tabula rasa* à recondução principiológica..96

3.2.3. Presunção de inocência III – uma discussão em torno da relação entre Direito e Moral no constitucionalismo contemporâneo..101

   3.2.3.1. Para além da "ponderação": a exposição de um modo hermeneuticamente adequado de se compreender o aparente conflito entrea presunção de inocência e a moralidade.................103

   3.2.3.2. A construção da resposta hermenêutica a partir de uma interpretação adequada à Constituição........107

   3.2.3.3. Apreciação Crítica da posição apresentada pelo Supremo Tribunal no julgamento conjunto das ADCs 29 e 30 e da ADI 4578: um exercício de constrangimento epistemológico da jurisprudência....111

     3.2.3.3.1. Presunção de Inocência, regra ou princípio? Breves considerações em torno das posições de Robert Alexy e Ronald Dworkin......................113

3.2.4. Presunção de Inocência: IV – execução provisória da pena após condenação em segunda instância: do HC 126.292 às ADCs 43 e 44...116

   3.2.4.1. Início da celeuma: HC 126.292.........................116

   3.2.4.2. ADCs 43 e 44...120

3.3. Motivação das decisões..123

   3.3.1. A motivação das decisões e a (in)validade de acórdão que repete, sem a necessária contextualização, os argumentos da sentença...124

   3.3.2. Um caso específico de "desvio" legislativo ao dever constitucional de fundamentar as decisões: necessidade da Interpretação Conforme a Constituição do § 5º do art. 82 da Lei 9.099/95..126

4. Conclusão: a efetivação das garantias processuais-penais como uma questão de princípio..130

1. Notas Introdutórias: o caminho principiológico a ser seguido

1.1. Colocação do tema

No primeiro episódio da 3ª Temporada da série *Fargo*, assistimos a uma cena que tem muito a dizer, num nível simbólico, sobre as garantias processuais penais. A cena se passa em 1988 na então Alemanha Oriental (*Deutsche Demokratische Republik* – DDR). Um jovem é trazido para interrogatório. A sala é longa, e o ambiente é tomado por cores frias que parecem transbordar os limites da tela e nos atingir com um sopro de ar gélido e cortante. Paradoxalmente, apesar das dimensões da sala de interrogatório, há uma certa sensação de claustrofobia que é transmitida pelas imagens. Ao fundo, vemos uma mesa com um gravador e, atrás dela, o Inquisidor. Segue-se um pequeno diálogo. Nele, o Inquisidor deixa pistas aptas a demonstrar que ele conhece em detalhes a vida privada do investigado. A certa altura, o homem detido questiona um dado que havia sido informado pelo Inquisidor. Não qualquer dado, mas seu próprio nome: o jovem investigado dizia ter outro nome, que não aquele que constava dos formulários públicos. A resposta oferecida pelo Inquisidor é emblemática: "aceitar sua objeção implicaria afirmar que o Estado está errado. O senhor está afirmando que o Estado e o Partido podem estar errados?".

O simbólico da cena descrita apresenta-se no fato de que, em contextos não democráticos, no interior dos quais predominam modelos inquisitivos de processo, o Estado está sempre certo e a verdade é aquela que advém da narrativa construída por seus agentes de persecução criminal. Qualquer semelhança, ainda que ligeira, com certas práticas processuais penais adotadas recentemente no Brasil, não terá sido mera coincidência. Ademais, o quadro pintado acima serve para ilustrar o óbvio: quando falamos de garantias processuais penais, estamos necessariamente envolvidos em um empreendimento democrático, cuja construção de significados é oposta ao sentido projetado na cena descrita. Tal conjunto de significados resulta na interpretação que esclarece que a "verdade" não está na simples narrativa estatal, mas, sim, nas provas que puderam ser obtidas e discutidas processualmente. O respeito às garantias do acusado, portanto, é um elemento fundamental daquilo que podemos nomear de *conceito normativo de democracia*.[2]

Mas, se quisermos explorar um pouco mais do simbólico que preside a cena da série *Fargo* retratada acima, podemos lembrar de *O Processo*, de Franz Kafka, que nos oferece, certamente, a descrição mais emblemática do que significa um processo sem garantias. Um homem acorda pela manhã e é recebido com notícia de sua detenção. Não sabe qual o crime que lhe é imputado; desconhece quem o acusa e o teor da acusação; ignora os meandros da justiça que lhe quer imprimir a reprimenda. Seu contato com essa espúria rede judicial sempre é feito a partir de funcionários inferiores, alienados da dimensão global do processo, mas cumpridores de ordens estabelecidas pelo Outro, aquele que nunca aparece ou se sabe quem é, o ausente... Parece ser oportuno, portanto, quando estamos a vivenciar uma crise na compreensão das garantias processuais no Brasil, lembrar da obra de Kafka, ou daquela cena da série *Fargo*, para termos presente a importância dessas instituições do processo penal para o contexto de uma democracia constitucional.[3]

---

[2] Sobre o conceito normativo de Democracia, bem como sobre os problemas inerentes à sua definição, Cf. SARTORI, Giovanni. *Teoria Democrática*. São Paulo: Editora Fundo de Cultura, 1695, parte I; SHAPIRO, Ian. *Fundamentos Morais da Política*. São Paulo: Martins Fontes, p. 245-299. Ainda nesse contexto, Cf. STRECK, Lenio Luiz; OLIVEIRA, Rafael Tomaz de. A definição de democracia em uma era de confusão democrática. *Consultor Jurídico*, 4 de jun. 2016, São Paulo. Disponível em <https://www.conjur.com.br/2016-jun-04/diario-classe-definicao-democracia-confusao-democratica>. Acesso em 10 de fev. 2018.

[3] Sobre as possíveis e inexoráveis relações entre o Direito e a Literatura, ver: TRINDADE, André Karam; GUBERT, Roberta Magalhães; NETO, Alfredo Copetti (Orgs.). *Direito & Literatura*: reflexões teóricas. Porto Alegre: Livraria do Advogado, 2008; e ainda, dos mesmos organizadores, Id. *Direito & Literatura*: ensaios críticos. Porto Alegre: Livraria do Advogado, 2008.

Nesse sentido, as presentes reflexões tiveram origem em uma pesquisa, realizada entre os anos de 2009 e 2011, e que objetivava discutir o modo como o STF vinha interpretando algumas das principais garantias processuais penais depois de mais de vinte anos de Constituição e de Estado Democrático de Direito em *terrae brasilis*. O objetivo era avaliar os erros e os acertos do Tribunal, desvelar a objetificação do discurso e, no limite, as escolhas (ideológicas) presentes na jurisprudência do nosso Pretório Excelso a partir de uma análise rigorosamente determinada pelo "método" fenomenológico-hermenêutico.

No contexto atual, na aurora do ano de 2018, há mais coisas que se acumularam no horizonte interpretativo das garantias processuais penais e que alteraram, de algum modo, o objeto da pesquisa descrita no presente livro.

Essas modificações estruturais podem ser observadas a partir da agudização dos fatores que levaram, desde o final de 2013, a um recrudescimento daquilo que em linhas acima chamamos de "crise no entendimento das garantias processuais penais". Note-se: não é que a crise tenha sido gestada no caldo de cultura que se desenvolve no contexto pós-2013. Pelo contrário, a crise é antiga e teve um primeiro ponto de propulsão com o advento da Constituição de 1988 e a inauguração de um modelo de processo penal acusatório entre nós. Desde então, existe um ruído – intenso, mas pouco percebido por uma espécie de "surdez social" –, provocado pelo impacto que o novo sistema causou no modelo assentado pelas práticas processuais penais vigentes e que sempre ecoaram um modelo inquisitório de processo. Dito de outro modo, o referido ruído surge do atrito produzido pela ação dos órgãos de persecução criminal do Estado e as garantias processuais conferidas pela Constituição aos investigados e acusados criminalmente. O que difere o tamanho da crise atual com relação ao horizonte anterior é a capacidade de capilarização que o atual discurso – por vezes contrário e depreciativo com relação às garantias – atingiu.

Com efeito, a referida *crise no entendimento das garantias processuais penais* instala-se, no pensamento jurídico nacional, com maior intensidade no contexto dos desdobramentos da chamada "operação lava-jato" e no bojo de ações levadas a efeito pela Polícia Federal; em entendimentos esposados pelo Ministério Público; e em decisões judiciais exaradas a partir de um uso, por vezes icônico e demagógico, do combate à corrupção e de uma pretensa "limpeza ética" no campo da administração pública. Nesse contexto, e sob essas linhas mestras, setores do sistema de justiça edificaram entendimentos e proferiram decisões que afirmam medidas de exceção e fragilizam em demasia garantias processuais democráticas. Exemplo evidente disso é a decisão do STF no *Habeas Corpus* (HC) 126.292, que permitiu a execução provisória da pena depois do julgamento em segunda instância, contrariando frontalmente o inciso LVII do art. 5º da Constituição Federal de 1988, bem como o entendimento acerca do conteúdo da garantia de presunção de inocência (estado de inocência ou presunção de não culpabilidade, conforme o gosto de nosso nobre leitor), sedimentado na Corte desde 2009. No mesmo contexto, mas com impacto distinto no sistema de garantias, podemos mencionar o "uso heterodoxo" das *conduções coercitivas*; atribuição indevida de *carga probatória ao réu*; e do peculiar *conceito de prova ilícita* (que chegou a ser debatido legislativamente), que, ao desconsiderar que o elemento crucial para definição da ilicitude da prova está exatamente no *meio* utilizado pelo agente público na sua obtenção, cria a figura bizarra da "prova ilícita obtida de *boa-fé*".[4]

Desse modo, além do observatório da jurisprudência do STF, o livro passa a agregar os debates que se desencadeiam nesse novo contexto de crise na compreensão das garantias processuais penais.

---

[4] Sobre cada uma dessas questões, produzimos um número significativo de textos que circularam tanto em revistas especializadas quanto em sítios da *internet*. Por todos, Cf. STRECK. Lenio Luiz. Supremo e a Presunção de Inocência: Interpretação conforme a quê? *Consultor Jurídico*, 7 de out. 2016, São Paulo. Disponível em <https://www.conjur.com.br/2016-out-07/streck-stf-presuncao-inocencia-interpretacao-conforme>. Acesso em 10 de fev. 2018; STRECK, Lenio Luiz. Condução Coercitiva do ex-Presidente Lula foi ilegal e inconstitucional. *Consultor Jurídico*, 4 de mar. 2016, São Paulo. Disponível em <https://www.conjur.com.br/2016-mar-04/streck-conducao-coercitiva-lula-foi-ilegal-inconstitucional>. Acesso em 10 de fev. 2018; STRECK, Lenio Luiz. Prova Ilícita válida por boa-fé: lá se vai a criança com a água suja. *Consultor Jurídico*, 8 de ago. 2016, São Paulo. Disponível em <https://www.conjur.com.br/2016-ago-08/prova-ilicita-validada-boa-fe-la-bebe-agua-suja>. Acesso em 10 de fev. 2018; OLIVEIRA, Rafael Tomaz de. Reflexão sobre a Retórica do Ilícito e do Irregular no novo Processo Penal brasileiro. *Consultor Jurídico*, 13 de fev. 2016, São Paulo. Disponível em <https://www.conjur.com.br/2016-fev-13/diario-classe-reflexao-retorica-ilicito-irregular-processo-penal-brasileiro>. Acesso em 10 de fev. 2018; OLIVEIRA, Rafael Tomaz de. STRECK, Lenio Luiz. O Símbolo Leviatã: o quanto de não-dito há nas palavras da "lava-jato". *Consultor Jurídico*, 18 de fev. 2017, São Paulo. Disponível em <https://www.conjur.com.br/2017-fev-18/diario-classe-simbolo-leviata-quanto-nao-dito-palavras-lava-jato>. Acesso em 10 de fev. 2018.

1.2. Indicações metodológicas e conceitos operacionais

Quanto à forma de abordagem, propomos uma discussão que tenha como pano de fundo uma Teoria da Decisão Jurídica que comporta, em seu bojo, uma Teoria dos Princípios. Esses dois pontos conexos vêm sendo tratados de maneira conjunta.[5] Dito de outro modo, o espaço adequado para se colocar, ao menos nesta quadra da história, o problema dos princípios jurídicos é o da própria decisão judicial,[6] e não um modelo abstrato de normatividade; ou um quadro sistemático-estrutural como era a regra na metodologia jurídica do século XIX e que, em grande medida, ainda está presente no imaginário dos juristas.

Anote-se, neste particular, o caso dos velhos *princípios gerais do Direito* que, no Direito brasileiro, assumem a condição de determinação legislativa, sendo expressamente estabelecido como critérios de solução para as "lacunas" do ordenamento no art. 4º da Lei de Introdução às Normas do Direito Brasileiro, ao lado da analogia e dos costumes. Isso é um sintoma! Na verdade, o senso comum teórico dos juristas trata o problema como se estivéssemos, ainda, sob a égide da metodologia novecentista que operava com um sistema em que os princípios gerais eram chamados para atuar nos casos em que o modelo de regras não fosse suficiente para resolver os problemas da realidade.[7] Não deixa de ser sugestivo o fato de que este tipo de estratégia legislativa tenha sido utilizada, pela primeira vez, nos Códigos dos oitocentos. Tais Códigos tinham uma feição nitidamente privativista. Todavia, o mais emblemático é que esses velhos axiomas – que foram chamados no século XIX de Princípios Gerais do Direito – continuam a ser aplicados em pleno Constitucionalismo Contemporâneo, como se houvesse apenas uma mera continuidade entre a nova Constituição e o *ancien régime* jurídico.

Portanto, é preciso ter presente, desde já, que no contexto do Constitucionalismo Contemporâneo os princípios assumem uma dimensão normativa de base. Vale dizer: não podem mais ser tidos como meros instrumentos para solucionar um problema

---

[5] Ver, para tanto, STRECK, Lenio Luiz. *Verdade e Consenso*. 6ª ed. São Paulo: Saraiva, 2017. OLIVEIRA, Rafael Tomaz de. *Decisão Judicial e o Conceito de Princípio:* A hermenêutica e a (in)determinação do Direito. Porto Alegre: Livraria do Advogado, 2008.

[6] Id. Ibid.

[7] Cf. STRECK. op. cit., p. 173.

derivado de uma lacuna na lei ou do ordenamento jurídico. Na verdade, em nosso contexto atual, os princípios constitucionais apresentam-se como constituidores da normatividade que emerge na concretude dos casos que devem ser resolvidos pelo Judiciário. É esse o significado do profundo vínculo que existe entre decisão judicial e o conceito de princípio (algo que aparece claramente nas obras de Josef Esser e Ronald Dworkin, para ficar apenas nesses exemplos).

Tudo isso, ao fim e ao cabo, quer dizer o seguinte: toda e qualquer decisão jurídica só será correta (ou, na expressão utilizada em *Verdade e Consenso*, adequada à Constituição), na medida em que dela seja possível extrair um princípio. Vale dizer que uma decisão judicial – hermeneuticamente correta – se sustenta em uma comunidade (comum-unidade) de princípios.[8]

Com efeito, essa afirmação tem implicações sérias. Talvez a principal delas seja o fato de que, quando, em 1988, (re)fundamos nossa sociedade e instituímos um regime democrático, fizemos nascer, concomitantemente, uma comunidade política recheada de princípios com fortes conteúdos de moralidade. Chamamos isso de cooriginariedade entre o Direito e a Moral: o espaço em que se forma o discurso jurídico é, desde-já-sempre, tomado por um espectro de uma moral pública. Essa cooriginariedade entre Direito e Moral vem sendo mencionada em Dworkin como *interconexão* que, ao final, são conceitos similares.

Na verdade, em obras como *A Justiça de Toga*, Dworkin afirma que o Direito seria um ramo (*branch*) da moral, no sentido de ser, este último, o resultado de uma interpretação que possui em seu processo construtivo elementos morais, mas que especializa, de alguma forma, os seus resultados. O importante é assinalar que essa "especialização" não pode ser pensada como algo que acontece *a poteriori*, mas é, sim, da ordem do *a priori*. Isso significa que se trata "o direito como um segmento da moral, não como algo separado dela. Entendemos a teoria política desta forma: como parte da moral compreendida em termos gerais, porém diferenciadas, com sua substância específica, uma vez que aplicável a estruturas institucionais distintas".[9]

---

[8] Nesse sentido, Cf. OLIVEIRA. op. cit., cap. 4.
[9] DWORKIN, Ronald. *A Justiça de Toga*. São Paulo: Martins Fontes, 2010, p. 51.

Desde logo, um alerta: não se deve confundir essa moral pública que aqui indicamos com "conteúdos moralizantes de caráter privado". Com efeito, a modernidade é marcada por um processo que procurou justificar os atos de governo e de imposição da força física pelo poder político fora do contexto teológico que, no medievo, dava sustentabilidade à política a partir da unidade representada pelo poder da igreja católica. Os movimentos reformistas no interior da doutrina católico-cristã, a constante eclosão de guerras civis religiosas e o posterior surgimento dos Estados Nacionais, levaram à formação de outros contextos de justificação do poder político, que procuravam se desvencilhar das justificativas teológicas/ontológicas de então. Portanto, a moral de uma comunidade política tal qual descrevemos no texto deve ser pensada nesse contexto: *de uma composição jurídica que desde sempre sofre os influxos dessa moralidade, mas não está a serviço de uma crença pessoal ou da representação subjetiva que uma consciência isolada possui da sociedade.* Essa moralidade é instalada no espaço público sendo, por isso, desde sempre uma moral compartilhada.[10]

De algum modo, toda decisão jurídica tem o dever (no sentido do *have a duty*, de Dworkin) de refletir esses princípios. Apenas a título ilustrativo, podemos dizer que a igualdade, o Estado de Direito, o Republicanismo, entre outros, compõem esse espectro principiológico que, desde logo, transcende o discurso jurídico baseado em critérios universalizantes-objetificadores próprios das teorias jurídicas que veem o Direito como um modelo de regras (como o são, no fundo, as teorias que acreditam na função acessória dos princípios, como argumentos para colmatação de lacunas). A garantia do direito fundamental à resposta correta depende intrinsecamente da compreensão desse fenômeno.[11]

---

[10] Sobre o processo de "secularização" da política Cf. KOSELLECK, Reinhart. *Crítica e Crise:* uma contribuição à patogênese do mundo burguês. Rio de Janeiro: Contraponto, 1999.

[11] Há vários trabalhos que retratam a experiência das pesquisas desenvolvidas no PPG em Direito da UNISINOS-RS, no âmbito do *Dasein* – núcleo de estudos hermenêuticos, todas encampando essa preocupação com a decisão jurídica. Nesse sentido, vale referir à obra de Maurício Ramires, na qual o autor faz uma percuciente análise do modo como se articulam os precedentes judiciais na operacionalidade jurídica brasileira. Também com base no referencial da hermenêutica filosófica, Ramires encontra o espaço correto para realizar a crítica do modo como os juízes se valem desse manancial jurisprudencial para estabelecer suas decisões Cf. RAMIRES, Maurício. *Crítica à Aplicação de Precedentes no Direito Brasileiro.* Porto Alegre: Livraria do Advogado, 2010.

1.3. Estrutura e forma de trabalho

É desse modo que pretendemos estabelecer uma aproximação em torno de algumas decisões recentes do STF – não apenas do STF, mas também de outras instâncias do sistema judicial que possam causar algum tipo de consequência significativa para o sistema de garantias – no que tange a alguns pontos específicos que, certamente, ocupam uma posição privilegiada quando se fala em garantias processuais:

a) em primeiro lugar, trataremos do HC procurando apontar para situações que demonstram um uso *quase-heterodoxo* (ou amplo) do *writ*. Ao final, nossa análise apresentará um problema pouco difundido em nossa processualística, qual seja: a transformação do remédio heroico em um "super-recurso", apontando para alguns efeitos deletérios que disso se seguem;

b) na sequência, abordaremos o Mandado de Segurança (MS), que, junto ao HC representam as principais garantias processuais *instrumentais* (na medida em que possibilitam articular, judicialmente, a defesa das chamadas *garantias materiais*). No que tange ao MS, trataremos de efetuar uma abordagem que foge um pouco da análise restrita à jurisprudência do STF. Essa "alteração de rota" se faz necessária porque o Superior Tribunal de Justiça (STJ) – no que é seguido pela maioria dos tribunais da federação – não aceitam a utilização do MS para dar efeito suspensivo a recurso de agravo interposto contra decisão que, diante da necessidade da prisão, concede livramento condicional ou progressão de regime, de modo flagrantemente ilegal;

c) Postos estes argumentos no que tange às garantias instrumentais, passaremos a abordar as garantias de cunho *material* começando pela questão da adequação da recepção do princípio acusatório pela jurisprudência da Corte, uma vez que todas as garantias processuais penais giram em torno do aludido princípio.

Como fator paralelo de análise, buscamos também tratar – no contexto do princípio acusatório –, das questões envolvendo a vetusta e inquisitória medida da "condução coercitiva".

Também aqui encetamos algumas considerações a respeito da garantia de proibição de utilização de provas obtidas por meios ilícitos e aquilo que foi propalado por setores do pensamento jurídico nacional como "viabilidade da prova ilícita de boa-fé".

d) O próximo capítulo diz respeito ao problema da prisão preventiva e dos requisitos de sua manutenção, notadamente, a polêmica em torno do art. 312 do CPP na parte em que trata da garantia da ordem pública. Afinal, a gravidade do crime enseja o recolhimento preventivo do acusado à prisão? Qual o princípio que sustenta essa decisão?

Nesse contexto, empreendemos também uma análise das questões que envolvem a garantia da *presunção de inocência*, buscando destacar as discussões recentes acerca da (im)possibilidade de execução provisória da pena depois da condenação em segunda instância. Aqui, destaca-se o enfrentamento dos principais argumentos utilizados na fundamentação do HC 126.292 (com repercussão geral reconhecida) e o julgamento da Medida Cautelar nas Ações Declaratórias de Constitucionalidade n. 43 e 44;

e) Por fim, traçaremos, em largas linhas, algumas considerações pontuais em torno da garantia da motivação das decisões judiciais, que é uma questão intimamente ligada ao direito fundamental a uma resposta adequada à Constituição.

Antes, porém, são ainda necessárias algumas indicações de cunho metodológico para esclarecer melhor o modo como essa aproximação será realizada.

Aqui, deve ser registrada uma importante ressalva. Há em *Verdade e Consenso*[12] uma tese que esclarece muitos dos mal-entendidos que a dogmática jurídica produziu em torno do conceito de princípio. Mal-entendidos esses que geraram tamanho impasse no cotidiano das práticas jurídicas que hoje podemos dizer, sem medo de errar, que vivemos num perigoso *pamprincipiologismo* pragmatista que atenta, a todo o momento, contra o alto grau de autonomia do Direito conquistado com o constitucionalismo do segundo pós-guerra.

Nessa linha e de todo modo, é preciso ter presente – e insistimos nisso – que os princípios (constitucionais) que erigem a partir da segunda quadra do século XX não podem ser percebidos do mesmo modo que os tradicionais princípios gerais do Direito que aparecem nas proximidades do movimento codificador do século XVIII. Em síntese, isso pode ser dito da seguinte forma: não há *continuidade* entre a tese dos princípios gerais do Direito e os princípios constitucionais. Ao contrário, há

---
[12] STRECK, op. cit.

uma *descontinuidade*. Os princípios constitucionais do segundo pós-guerra incorporam elementos que operam uma mudança radical de paradigmas no interior do pensamento jurídico.[13]

Ou seja, o princípio recupera o mundo prático, o mundo vivido, as formas de vida (Wittgenstein). O princípio "cotidianiza" a regra. "Devolve", pois, a espessura ao ôntico da regra. É "pura" significatividade e desabstratalização. Trata-se de uma espécie de "redenção da existência singular da regra" (veja-se que a regra é feita com caráter de universalidade/abstratalidade/generalidade).[14]

Assim, ao contrário do que se diz na tese da distinção enunciativa sobre a "abertura semântica dos princípios", é a regra que "abre a interpretação", exatamente em razão de sua perspectiva universalizante (pretende abarcar todos os casos enquanto, na verdade, não abrange nenhum, sem a cobertura densificatória fornecida pelo mundo prático da singularidade principiológica).

A regra jurídica (preceito) não trata de uma situação concreta, uma vez que diz respeito às inúmeras possibilidades. A regra "matar alguém" não diz respeito a um homicídio, mas, sim, de como devem ser tratados os casos em que alguém tira a vida de outrem. É nesse sentido que o princípio individualiza a *applicatio*. Princípio é, assim, a realização da *applicatio*.

O "direito" não "cabe" na regra (preceito), assim como, por exemplo, as inúmeras hipóteses de aplicação do art. 97 da CF não cabem na Súmula Vinculante n. 10 do STF; tampouco os casos de uso abusivo de algemas "cabem" na Súmula Vinculante n. 11. Do mesmo modo, as inúmeras hipóteses de legítima defesa não cabem no enunciado jurisprudencial "legítima defesa não se mede milimetricamente". Ainda e no mesmo diapasão: as inúmeras hipóteses de crimes graves não "cabem" no conceito de "gravidade do crime" de que fala a jurisprudência do STF. Somente a reconstrução da situação concreta de um determinado caso dará significatividade (*Bedeutsamkeit*) ao precedente ou à regra. Em síntese, é esse o papel dos princípios.[15]

Tendo isso em conta, convém esclarecer, para efeitos disso que debateremos nesta obra, que existe uma diferença entre

---

[13] Para um tratamento mais aprofundado da questão, consultar STRECK, op. cit., p. 494-6.

[14] STRECK. op. cit., p. 346.

[15] STRECK. op. cit., p. 346.

decisão e *escolha*. Diferença essa que é percebida, basicamente, pelo papel que um princípio desempenha no momento decisional. Ou seja, a decisão – no nosso caso, a decisão jurídica – não pode ser entendida como um ato em que o juiz, diante de várias possibilidades possíveis para a solução de um caso concreto, escolhe aquela que lhe parece mais adequada. Com efeito, *decidir* não é sinônimo de *escolher*. Antes disso, há um contexto originário que impõe uma diferença quando nos colocamos diante destes dois fenômenos. A *escolha*, ou a eleição de algo, é um ato de opção que se desenvolve sempre que estamos diante de duas ou mais possibilidades, *sem que isso comprometa algo maior do que o simples ato presentificado em uma dada circunstância*. Em outras palavras, *a escolha é sempre parcial*. E parcial, aqui, quer dizer: tomar partido. *Escolher* um dos lados de uma contenda/dilema. Há no Direito uma palavra técnica para se referir à escolha: *discricionariedade*. Portanto, quando se diz que o juiz possui poder discricionário para resolver os "casos difíceis", o que se afirma é que, diante de várias possibilidades de solução do caso, o juiz pode escolher aquela que melhor lhe convier. Nessa medida, rompe-se com um elemento que está na própria raiz da definição processual de jurisdição: a imparcialidade. Ou seja, admitir que a atividade de decisão do juiz de Direito é sinônimo de escolha, significa aceitar que sua jurisdição é *parcial*, colocando ao chão o próprio cerne de sua definição conceitual.

De outra banda, a decisão não se dá a partir de uma escolha, mas sim, a partir do comprometimento com algo que se antecipa. No caso da decisão jurídica, esse algo que se antecipa é a compreensão daquilo que a comunidade política constrói como Direito (ressalte-se, por relevante, que essa construção não é a soma de diversas partes, mas sim, um todo que se apresenta como a melhor interpretação – mais adequada – do Direito). Por isso que a hermenêutica contribui sobre medida para a correta colocação deste problema. Esse todo que se antecipa, esse todo que se manifesta na decisão, é aquilo que mencionamos sempre como pré-compreensão.

E esse ponto é absolutamente fundamental! Isto porque é o modo como se compreende esse sentido do Direito projetado pela comunidade política (que é uma comunidade – virtuosa – de princípios) que condicionará a forma como a decisão jurídica será realizada de maneira que, somente a partir desse pressuposto, é que podemos falar em respostas corretas ou respostas adequadas. Sendo mais claro, toda decisão deve se fundar em um compromisso (pré-compreendido).

Esse compromisso passa pela reconstrução da história institucional do Direito – aqui estamos falando, principalmente, dos princípios enquanto indícios formais dessa reconstrução – e pelo momento de colocação do caso julgado dentro da cadeia da integridade do direito. Portanto – e isso é definitivo –, *a decisão jurídica não se apresenta como um processo de escolha do julgador das diversas possibilidades de solução da demanda. Mas, sim, como um processo em que o julgador deve estruturar sua interpretação – como a melhor, a mais adequada – de acordo com o sentido do Direito projetado pela comunidade política.*

A exortação desse compromisso (pré-compreendido) pode ser acessada pelo investigador do Direito a partir de uma determinada estratégia metodológica. É preciso salientar que, quando falamos em princípios e em decidir por princípios, nos movemos na ordem do *a priori* e, portanto, fazemos um esforço de explicitação de algo que poderíamos chamar de *transcendentalidade jurídica*.

Os princípios são, de algum modo, os marcos dessa transcendentalidade. Isso significa que há um plano, materialmente válido, no qual as decisões jurídicas se assentam e que não depende da escolha isolada de uma única pessoa. Trata-se de uma espécie de "tecido básico" – na expressão de Norbert Elias[16] – que acarreta um elo de interdependência entre as pessoas e que é encontrado nos mais diversos movimentos da sociedade (no caso de Elias, aquilo que ele chamou de *processo civilizador*) e que pode ser percebido de um modo privilegiado no Direito a partir da experiência dos princípios jurídicos (constitucionais).

Em suma, trata-se da realização de algo que pode ser denominando de "censura significativa das decisões judiciais". Ou seja, tanto em Gadamer quanto em Dworkin, é possível *distinguir boas e más decisões* (pré-juízos autênticos/legítimos e inautênticos/ilegítimos), significando que, quaisquer que sejam seus pontos de vista sobre a justiça e o direito a um tratamento igualitário, *os juízes também devem aceitar uma restrição indepen-*

---

[16] Cf. ELIAS, Norbert. *O Processo Civilizador.* Vol. 2. Rio de Janeiro: Jorge Zahar, 1993, p. 194.

dente e superior, que decorre da integridade, nas decisões que proferem. Mais do que isso, está-se a afirmar que as decisões emanadas de "últimas instâncias", embora inegavelmente devam ser obedecidas, devem, entretanto, sofrer de fortes "constrangimentos epistemológicos" ou, se se quiser chamar assim, de "censuras significativas". Esse é o papel da doutrina em um país democrático.

2. CONFIGURAÇÕES CONTEMPORÂNEAS DA TEORIA PROCESSUAL E SEUS REFLEXOS NAS GARANTIAS PROCESSUAIS DE CUNHO INSTRUMENTAL

2.1. O processo penal como ciência hermenêutica e os riscos de ideologização da Teoria Processual

A teoria processual, tradicionalmente, retrata o processo penal como fórmula de resolução de lides penais que, a partir da modernidade e da consagração cada vez mais enfática de direitos fundamentais nas Constituições, procura equalizar a tensão produzida por duas pretensões conflitantes: de um lado a pretensão punitiva do Estado, que se manifesta pela atividade dos órgãos responsáveis pela persecução criminal e que pretende, ao final, a imposição de uma pena ao acusado; e, do outro lado, a pretensão do acusado de manter o seu *status libertatis*, esgrimindo, para tanto, as garantias previstas pela Constituição e pelas leis processuais e que funcionam como limites para o exercício da pretensão punitiva do Estado.

Essa definição é facilmente encontrada na plêiade de manuais que existem para descrever o fenômeno processual penal.[17] Esse tipo de apresentação da estrutura processual tende a representá-la a partir de uma metáfora matemática que possui na imagem da balança sua figuração: o processo penal, assim, efetua

---

[17] Por todos, Cf. MIRABETE, Julio Fabbrini. *Processo Penal*. 18ª ed. São Paulo: Atlas, 2011, p. 25 e segs.; TOURINHO FILHO, Fernando da Costa. *Manual de Processo Penal*. 13ª ed. São Paulo: Saraiva, 2010, p. 46 e segs.

uma espécie de "sopesamento" entre o *jus puniendi* e o *status libertatis*.

Um fator instigante, nem sempre mencionado nesse âmbito de discussões, é que, no meio dessa "operação matemática" que afere pesos e medidas, pode acontecer da balança pender com mais força ora para o lado do punitivismo estatal, ora para o lado da defesa ilimitada do acusado, sem que isso seja, necessariamente, resultado de um processo equilibrado de harmonização. Vale dizer que, levadas por algum sentimento de ordem emocional ou ideológica (o estatuto específico da causa não é o que mais importa aqui, uma vez que, em ambos os casos, estamos diante de hábitos intelectuais que deveriam ser evitados nos quadros de um discurso científico sobre o Direito), as instâncias que se ocupam da interpretação do processo penal (doutrina e jurisprudência, especialmente) acabam por promover argumentações que inflamam injustificadamente um dos "lados" da "lide penal". Acaba-se, assim, por assumir um quadro de punitivismo exacerbado – que encara as garantias processuais penais como obstáculos para redução da criminalidade, ou de alguma outra dimensão captada por discursos populistas, que estariam melhor enquadradas numa discussão sobre política criminal –; ou, de outra banda, um libertacionismo temerário que – se levado às últimas consequências – poderia acarretar uma proteção deficiente de bens jurídicos com dignidade constitucional, *v.g.*, a segurança pública.

Esse tipo de polarização pode levar a uma forma muito específica de suspensão da juridicidade criando uma espécie de "Estado de Exceção",[18] na medida em que esse recorte teórico tende a pender ora para um lado (*jus puniendi*) ora para outro (*status libertatis*). Explicamos: tanto o excesso de punitivismo quanto a deficiência no desempenho da persecução criminal, conduzem o ambiente processual para o lugar do *não direito*; para uma dimensão fora do *nomos* (daí o caráter de quase-exceção). Na verdade, toda vez que se confere peso demais para a imposição da punição ou peso demais para a o *status libertatis* do acusado, acaba-se por conduzir a discussão para um espaço de indefinição sobre o sentido do direito.

---

[18] Referimos aqui a ideia de anomia, tal qual apresentada por Giorgio Agamben. Cf. AGAMBEN, Giorgio *Estado de Exceção*. São Paulo: Boitempo, 2006, *passim*.

Esse tipo de aproximação do processo que tende a pesar mais um dos lados que o outro (e que, no mais das vezes, depende de convicções pessoais do intérprete, quais sejam, sua ideia de Estado; sua concepção de pena; o modo como ele encara a sociedade etc.) é que produz aquilo que aqui estamos chamando de "ideologização da teoria processual".

Assim, o enquadramento teórico do processo penal acaba por depender do vínculo ideológico que existe no momento de composição do quadro teórico professado pelo autor. Dito de outro modo, a teoria passa a depender, excessivamente, de traços subjetivos que compõem o universo pessoal do intérprete-autor de modo que, se sua formação o leva a encarar o fenômeno com um pendor mais punitivista, tende a retratar o processo de modo a tornar mais pesado o braço punitivo do Estado; ao passo que, em se tratando de alguém que encara o processo em uma perspectiva mais "garantista" (com todos os problemas que essa palavra pode gerar), tende a construir uma abordagem que – com algumas ressalvas – poderia ser chamada de *minimalista*, de retração do punitivismo estatal.

Importante destacar que qualquer uma dessas duas vias apresentadas representa um recorte ideológico e acabam por professar uma forma equivocada de se abordar o fenômeno processual.

Na presente obra, estabelecemos algumas premissas para criar condições de escapar desse tipo de armadilha. Importante frisar: construímos um tipo de aproximação do processo penal que se coloca para além dessa vetusta dicotomia que, ao fim e ao cabo, opõe indivíduo e Estado: ora o indivíduo é uma espécie de inimigo do Estado; ora o Estado é mal, e o indivíduo – em sua "bondade natural" – deve sempre ser defendido deste *leviatã*.

Isso é particularmente interessante porque, atualmente, é possível dizer que predomina no ambiente acadêmico-processual brasileiro a concepção "garantista"[19] (*sic*) do processo. Qualquer posicionamento que se mostre favorável à prisão cautelar em

---

[19] O epíteto "garantismo penal", na maioria das vezes, aparece associado a Luigi Ferrajoli e o seu *Direito e Razão*. É necessário ter presente, desde logo, que esse tipo de interpretação da obra do mestre Fiorentino é equivocada. O garantismo (ou "constitucionalismo garantista", como quer o autor) representa uma proposta de Teoria do Direito, e não simplesmente um modo específico de se encarar o Direito Penal e Processual Penal. Nesse sentido, Cf. FERRAJOLI, Luigi. *Principia Juris:* Teoria del dirito e della democrazia. Roma: Editori Laterza, 2007, 2 v., *passim*.

casos de atestadas circunstâncias (fáticas e jurídicas) que demonstrem a gravidade do crime; ou ainda a defesa da possibilidade do ministério público fazer uso da via do MS para conferir efeito suspensivo ao recurso de agravo contra decisão que, equivocadamente, deixa de determinar a prisão, por exemplo, são duramente criticadas por representarem uma posição retrógrada, conservadora ou, até mesmo, anticivilizatória.

Esse tipo de interpretação, polarizadora do fenômeno processual, que acaba por encarar a questão das garantias de forma unilateral (de que elas serviriam sempre para favorecer o acusado) merece uma análise crítica. Com efeito, o psicólogo canadense Steven Pinker oferece uma interpretação interessante para a formação do imaginário moderno a respeito da ideia de natureza humana que nos possibilita colocar em xeque esse tipo de abordagem do processo e sua relação com as garantias. Segundo o autor, a concepção de uma natureza humana naturalmente boa e que acabava corrompida pelo pacto social (no caso, professada por teóricos contratualistas cujo representante maior desse tipo de concepção é Rousseau), acabou por criar um imaginário difuso que encara a punição oferecida pelo Estado como um ato de opressão contra o indivíduo que, ao fim e ao cabo, se tornou delinquente em face do meio em que vive.

Ou seja, no modo como tais teorias concebem a natureza humana, o próprio Estado acabaria por criar condições para que o ser humano se tornasse criminoso. Para Pinker, isso representa uma falácia na medida em que projeta o ser humano como naturalmente bom e dotado de uma mente *tabula rasa* que acaba por ser moldada pelo meio em que vive. Para o autor, entre todos os contratualistas, aquele que mais acertou foi Hobbes, que – na construção de sua antropologia – apontava para o caráter predatório da natureza humana.[20]

---

[20] Cf. PINKER, Steven. *Tabula Rasa:* a negação contemporânea da natureza humana. São Paulo: Companhia das Letras, 2004, *passim*. No mesmo sentido, Cf. PINKER, Steven. *The Better Angels of our Nature*: why violence has declined. New York: Viking, 2011, *passim*. O argumento central do autor nesta última obra afirma que o verdadeiro fator que tornou possível que nossa época vivenciasse um período de diminuição da violência (note-se: diminuição, portanto, a violência existe e, em alguns casos, de forma extremamente radical) deve ser debitado ao processo civilizador e não há uma característica inata da natureza humana. A violência está entre as experiências humanas mais radicais e originárias. Num contexto de convívio entre os seres humanos, é a civilização que limita suas pulsões e sua tendência para violência.

Sem embargo da discussão que se pode travar com relação aos resultados propriamente psiconeurológicos da pesquisa de Pinker, é preciso concordar com o autor que esse tipo de representação do ser humano ainda se encontra presente no imaginário social contemporâneo. Essa unilateralidade da visão acerca das garantias a que constantemente estamos expostos no âmbito do processo penal representa uma prova disso. De fato, se é verdadeiro que a nossa libertação – através do Direito Penal moderno – das masmorras medievais representou um marco do processo civilizador (Norbert Elias), também é certo que a punição, imposta nos trilhos estritos do devido processo legal, representa um ato civilizatório.

Assim, para um correto encaminhamento das questões que exsurgem no contexto do sistema processual penal, reivindica que ele seja encarado como uma ciência hermenêutica. Isso significa dizer que todos aqueles que lidam com o fenômeno processual se ocupam da compreensão e da interpretação de textos normativos processuais penais e de fatos concretos, reconstruídos a partir de cadeias narrativas.

Nessa medida, todos os esforços teóricos devem levar em conta que essa compreensão possui uma radical situação hermenêutica que se instala tendo em conta os pré-juízos que compõem o universo pessoal do intérprete-jurista. Essa espécie de "síndrome de Rousseau" que retratamos acima pode servir de exemplo de como a imersão do intérprete em seus pré-juízos e de sua participação na propagação de certo imaginário difuso. Desse universo de pré-juízos – que envolve, inclusive, o desempenho de atividades técnicas específicas: promotor, advogado, juiz – é que se projetam os discursos ideologizantes do fenômeno processo. O modo de se escapar dessa ideologização é, exatamente, efetuar uma suspensão desses pré-juízos, bem na linha do que afirma Gadamer, quando tematiza o problema dos erros e acertos do processo interpretativo.

Por fim, é importante frisar que não há dúvidas de que a instituição do processo penal, com o consequente afastamento da vingança privada, representou um marco do processo civilizador (se quisermos falar nos termos propostos por Norbert Elias). Do mesmo modo, o processo – enquanto instituição jurídica – representa um elemento fundamental para o Direito que se constitui a partir da modernidade na medida em que as estruturas e formas processuais adquirem uma função de legitimação de determinados atos praticados pelo poder político.

Vale dizer, a partir daquilo que se constrói historicamente enquanto garantia de um *devido processo legal (due process of law)* é possível trazer, para dentro do direito, elementos que dizem respeito à moralidade da comunidade política e do dever de equanimidade, igualdade e "justiça" das decisões exaradas do Estado-juiz.

Porém, esses elementos – absolutamente indispensáveis para a correta compreensão do Direito Processual Penal – não autorizam estabelecer um enquadramento do fenômeno de modo a se estabelecer um excesso na punição ou uma deficiência na persecução. No fundo, os dilemas da teoria processual podem ser pensados a partir de dois princípios: de um lado, o tradicional princípio da proibição de excesso (*Übermassverbot*) e, de outro, o princípio da proibição de proteção deficiente (*Untermassverbot*). Ou seja, por vezes – e parece ser a maioria – o Estado exorbita no seu poder de punir, devendo ser contido pela possibilidade de, contra ele, esgrimir-se o escudo contra o excesso; já em outras ocasiões, o Estado fica aquém desse dever, tornando-se leniente e, com isso, violando direitos fundamentais por não protegê-los suficientemente.

A análise do excesso ou da proteção deficiente nunca pode, à evidência, descurar um milímetro da Constituição.

Vejamos agora alguns dos reflexos dessa abordagem da teoria processual para as questões pertinentes às garantias instrumentais aplicadas ao processo penal.

2.2. Garantias processuais penais de cunho instrumental – os remédios constitucionais aplicados ao processo penal.

2.2.1. O Habeas Corpus

Chamamos aqui de garantias instrumentais aquelas que se apresentam como remédios para colocar fim a uma situação de violação a alguma garantia material prevista pela Constituição ou pela lei processual. É sempre de bom alvitre advertir – como já referido anteriormente – que tais garantias não representam apenas direitos deferidos ao acusado, mas envolve, também, direitos como a segurança pública, de cunho transindividual e o próprio interesse social na persecução penal (vale dizer, interessa a toda sociedade o processamento e a condenação, com o recolhimento à prisão, daqueles que cometeram crimes e que sua conduta tenha sido analisada no contexto de um devido processo legal).

As principais garantias instrumentais previstas na ordem jurídica brasileira e que possuem repercussão na esfera processual-penal são o HC e o MS.

Não cabe aqui, nos limites desta obra, analisarmos tais instrumentos de maneira exaustiva. Nosso objetivo é enfatizar questões importantes com as quais tem-se ocupado nossa jurisprudência, em especial a do STF.

Sobre o HC, é importante afirmar que sua consagração, com *status* constitucional, teve lugar com a promulgação da Constituição republicana de 1891. Durante os primeiros anos de sua vigência, a doutrina brasileira produziu um amplo debate sobre o âmbito de proteção alcançado pelo remédio heroico. Essa produção ficou conhecida como "doutrina brasileira do *habeas corpus*", cuja característica principal consistia em operar com o remédio de uma forma *heterodoxa*. Explicando melhor: o HC poderia ser articulado sempre que houvesse o descumprimento por parte do poder público de alguma das chamadas "liberdades fundamentais", constituindo-se em remédio para sanar qualquer situação de ilegalidade.

Entre 1891 e 1926 (quando, através de reforma constitucional, foi introduzido o MS), esse debate foi acirrado de modo que as posições manifestadas oscilavam do uso ilimitado do HC, segundo a qual o remédio poderia ser articulado para sanar ilegalidades que ofendiam desde a liberdade de locomoção até a liberdade religiosa; passando por posições intermediárias, que defendiam a possibilidade do *writ* apenas quando a ofensa ou ilegalidade afrontasse, ainda que indiretamente, a liberdade de locomoção; e terminando por apresentar posições restritas ou ortodoxas que admitiam a utilização do remédio heroico apenas nos casos de lesão à liberdade de locomoção.

A partir de 1926, com a consagração do MS, o texto constitucional passou a referir, expressamente, que o cabimento do HC estava restrito aos casos de violação da liberdade de locomoção.

No entanto, a jurisprudência do STF tem admitido uma espécie de uso amplo (quase heterodoxo) do HC. Na verdade, essa utilização ampla da garantia do HC tem como polo modulador o direito de liberdade ambulatorial. Todavia, admite-se que, sempre que exista algum tipo de relação entre a situação de ilegalidade e a liberdade de locomoção, seja ela desconstituída pela via do *writ*.

Esse entendimento da Corte vem na senda da construção jurisprudencial que passou a admitir a impetração de HC para trancamento de inquérito policial; trancamento de ação penal; ou ainda ser interposto contra decisão que recebe a denúncia ou a sentença de pronúncia.

O STF, nessa linha, vem admitindo a utilização do HC para reverter casos em que são autorizadas quebras de sigilo fiscal, bancário ou telefônico que possuam como finalidade fazer prova em processo penal.[21]

Outro fator que contribuiu para essa ampliação do uso do HC foi a formação, cada vez mais frequente, de Comissões Parlamentares de Inquérito. Nos últimos 20 anos, esse mecanismo – incorporado em nosso ordenamento a partir da influência exercida pela experiência americana dos "inquéritos legislativos" – foi significativamente ampliado, tanto no seu uso como nos problemas decorrentes de sua articulação.

De fato, as questões jurídicas que apareciam a cada instalação de um CPI, seja no que tange à sua adequação aos requisitos constitucionais (§ 3º do art. 58), seja em virtude das demandas surgidas a partir das convocações de pessoas para prestarem depoimentos sobre aquilo que se apresenta com objeto da investigação legislativa, sempre acabavam resolvidas no plenário do STF, uma vez que inexiste uma regulamentação pormenorizada de toda essa temática.

Assim, o problema do controle judicial dos atos das CPIs, implica, necessariamente, a análise do modo como o STF, articula as garantias do HC e do MS. No fundo, a tutela das liberdades no âmbito das CPIs acabou sendo dimensionada e construída pela própria jurisprudência do Tribunal.[22]

---

[21] Cf. HC 79.191e HC 76.347.

[22] Para percuciente análise dessa problemática Cf. MENDES, Gilmar Ferreira. *Curso de Direito Constitucional*. São Paulo: Saraiva, 2007, p. 811 e segs..

Nesse caso, o manejo do HC, bem como as hipóteses de seu cabimento – no mais das vezes sendo invocado para proteger os direitos dos depoentes – foram fruto de construções da própria jurisprudência do STF. Algumas questões, nesse sentido, merecem destaque: primeiramente, é importante afirmar que o Pretório Excelso manteve o entendimento de que a articulação do HC para desconstituição de alguma ilegalidade deve guardar relação com alguma ofensa (real ou potencial) da liberdade de locomoção. Todas as demais irregularidades deve(ria)m ser atacadas pela via do MS.

Entre as circunstâncias ensejadoras do *writ*, a que produziu maior repercussão foi, certamente, aquela que conferia salvo-conduto a determinados depoentes, garantindo-lhes o direito de permanecer calados durante sua inquirição.[23] Esse entendimento foi retratado no polêmico HC concedido para Marcos Valério durante a CPI dos correios, que apurava os fatos que deram origem ao chamado "mensalão".

No caso, os argumentos oferecidos para a concessão da ordem podem ser agrupados em dois blocos:

1º) a convocação para depor em uma CPI – que, embora sejam dotadas de poderes análogos aos das autoridades judiciais, não possuem função de persecução criminal – apresenta o depoente numa situação de testemunha, e não de investigado. Nos termos sugeridos pelo paciente, a situação que ali se instalava era de verdadeira investigação, sendo a CPI, portanto, o meio ilegítimo para ouvir seu depoimento;

2º) Por outro lado, a Lei n. 1.579/1952, seguindo a tradição dos inquéritos legislativos estadunidenses, estabelece o dever de dizer a verdade e de não se calar diante daquilo que lhe for perguntado. Porém, tal dever encontra limite na garantia constitucional de não responder a perguntas autoincriminatórias. Também aqui a influência norte-americana aparece na superfície do debate. De todo modo, fica claro o motivo que ensejou o *writ* no caso em tela: a autoincriminação poderia prejudicar o depoente numa futura ação penal e, portanto, ferir seu direito de liberdade. Daí a possibilidade de se conceder "salvo-conduto" (HC preventivo) para que o depoente não fosse obrigado a responder perguntas que pudessem levar à autoincriminação.

---

[23] HC 86.232-2/DF.

Outra situação interessante, que demonstra essa espécie de uso quase-heterodoxo do HC pelo STF, diz respeito ao que foi decidido no HC 80.240/AM. Novamente, estava em jogo o controle judicial dos atos de uma CPI. Nesse caso, foi feita convocação para que um indígena figurasse como depoente no inquérito legislativo. Ocorre que o indígena reivindicou um direito de permanecer na própria tribo para ser ouvido, sem que tivesse que se descolar até o congresso nacional para tanto. Assim, foi conferida a ordem para que a oitiva do índio ocorresse na própria área indígena, em dia e hora previamente estabelecidos e com a presença de representantes da FUNAI e de antropólogo especializado. Nesse caso, evidentemente, toda máquina congressual teve que se deslocar até o Amazonas para ouvir uma única testemunha!

De todo modo, esse tipo de articulação do HC no contexto dessa concepção ampla, ou quase-heterodoxa, da liberdade de locomoção, se manifesta claramente nesse tipo de entendimento da Corte.

Outro ponto importante que diz respeito ao modo como o STF tem lidado com a garantia do HC encontra-se registrado no entendimento que tem predominado na Corte sobre a aplicação da Súmula 691. Nos termos da referida súmula, não é competência do Pretório Excelso o "conhecimento de HC impetrado contra decisão do relator que, em HC requerido a tribunal superior, indefere a liminar". Essa súmula possui/possuía como *Leitmotiv* evitar possível *supressão de instância*, visto que o STF estaria tomando para si o julgamento de uma medida cujo mérito ainda não teria sido apreciado pela instância inferior.

Todavia, o próprio STF tem relativizado essa tese ao permitir que – em casos de flagrante constrangimento ilegal, por contrariedade à Constituição ou à jurisprudência da Corte – o entendimento sedimentado nessa súmula seja afastado, e o HC impetrado, conhecido. Na verdade, ao "relativizar" a Súmula 691, o STF nada mais fez do que dar a ela um caráter hermenêutico. É uma ilusão metafísica pensar que um enunciado pudesse abranger todas as futuras (e complexas) hipóteses de aplicação. O curioso é que isso tenha sido feito em sede de HC, e não na discussão de uma provável inconstitucionalidade do enunciado sumular, coisa que, aliás, o STF vem se negando a fazer, sob a alegação de que a Súmula tem um modo próprio de revisão.

O caso, talvez, mais emblemático e que suscitou maiores debates no plenário do STF teve lugar na decisão do HC 85.185/SP. Neste caso, o paciente estava sendo processado pela suposta pratica dos crimes descritos nos incisos I e IV da Lei n. 8.137/90 (crimes contra a ordem tributária). No caso em questão, o processo havia sido instaurado na pendência de um recurso administrativo que questionava o lançamento tributário efetuado. Nos termos do acórdão, a instauração do processo penal com o recurso administrativo ainda pendente de decisão, contraria o entendimento da Corte no sentido de que somente com o esgotamento da via administrativa é que poderia ter lugar a ação penal.

Ocorre que, em julgamento da liminar de HC interposto perante o Superior Tribunal de Justiça, o Min.-Relator denegou a cautela, remetendo a decisão para turma a que competia o julgamento do mérito. Desse modo, foi interposto novo HC, agora contra a decisão do Min.-Relator, que indeferiu a liminar. A hipótese seria de clara incidência do disposto na Súmula 691 do STF. E, de novo, o HC se transformou em um super-recurso.

De toda sorte, diante da flagrante contrariedade da situação discutida no caso concreto com a sua jurisprudência, o Tribunal, por unanimidade, conheceu do HC, afastando a aplicação da Súmula 691 e concedendo a ordem.

Dito de outro modo, o que fica é que o *writ*, em face das contingências do emaranhado recursal de *terrae brasilis*, foi sendo transformado em um atalho para resolver "problemas sistêmicos". O maior deles, sem dúvida, diz respeito à morosidade ínsita ao processamento dos recursos extraordinários e agravos que chegam até o STF. Nessa medida, a ação de HC aparece como um mecanismo célere e, aparentemente, eficaz para resolver problemas em processos penais cujos acusados *não* são, nem de longe, aqueles que normalmente são epitetados como hipossuficientes. Tudo isso faz com que o HC, de remédio heroico, acabe transmudado em "ação de classe".

Não é nenhuma novidade a constatação que de há muito os grandes escritórios de advocacia trocaram os recursos *lato sensu* por ações de HC. Uma pesquisa rápida na jurisprudência de nossa Suprema Corte pode dar amostra do tipo de criminalidade que consegue chegar até o Tribunal pela via do *writ*.

De todo modo, a afirmação de que – já não é de agora – o HC acabou por se tornar um "super-recurso" é confirmada pelo próprio Ministro Cesar Peluso, atual Presidente do STF, em artigo publicado no jornal *Folha de S. Paulo* no qual fazia candente defesa da, assim chamada, *PEC dos Recursos* (n. 15/2011, cujo objetivo é, exatamente, acabar com os Recursos Extraordinários e Especiais, transformando-os em ações de impugnação). Nos termos descritos pelo Ministro:

> "Os números mostram que não é o recurso extraordinário, mas o *habeas corpus* – que não seria atingido pela PEC –, o instrumento mais utilizado para reverter prisões ilegais. Além disso, em 2009 e 2010, dos 64.185 recursos extraordinários e agravos de instrumentos distribuídos aos ministros do STF, apenas 5.307 (cerca de 8%) referiam-se a feitos criminais. Desses, somente 145 reformaram a decisão das cortes inferiores. Dos 145, 59 tratavam da execução de condenação já transitada em julgado e 77 foram interpostos pela acusação.[24]
>
> Desses, somente 145 reformaram a decisão das cortes inferiores. Dos 145, 59 tratavam da execução de condenação já transitada em julgado e 77 foram interpostos pela acusação".[25]

O confronto dos dados fornecidos pelo Ministro com outros retirados do próprio *site* do STF nos ajudam a compreender melhor ainda este fenômeno. Enquanto o número de recursos em matéria criminal (que englobam recursos extraordinários e agravos de instrumento) totalizou 5.307 (que, segundo esclarece o Ministro, englobam o número de processos correspondentes aos anos de 2009 e 2010), o *site* do STF informa que, somente em 2010, foram distribuídos no Tribunal 6.006 HC. Note-se: considerando-se apenas os números de 2010, o total de ações de HC superam, em mais de 700, o total de recursos em matéria criminal que chegaram ao tribunal em dois anos (2009-2010). E mais! Ainda segundo o Min. Peluso, dos 5.307 recursos, apenas 145 foram reformados pela Suprema Corte. Todos os demais tiveram as decisões das instâncias inferiores confirmadas. Por outro lado,

---

[24] Cf. PELUSO, César. Mitos e Recursos. *Folha de S. Paulo,* caderno "Tendências e Debates", 08 de maio 2011. Disponível em <https://www1.folha.uol.com.br/fsp/opiniao/fz0805201107.htm>. Acesso em 21 de set. 2018.

[25] Id. Ibid.

e novamente considerando apenas o ano de 2010, dos 6.006 HC, 301 foram conhecidos e tiveram a ordem concedida, sendo que destes, 53 foram de ofício e 90 em parte.

De se consignar, ainda, que esse número vinha sendo mantido desde 2008, sem maiores variações. Em 2009, por exemplo, foram julgados 6.190 HC e, em 2011, 5.779. Não é difícil perceber, dessa maneira, que grande parte da atividade de guardião das garantias no campo processual penal dá-se pela via do HC.

Mais recentemente, em abril de 2018, no julgamento do HC 143.333, o Min. Roberto Barroso produziu uma longa digressão na introdução de seu voto para destacar aquilo que ele entende ser um número excessivo de HC julgados pelo STF a cada ano. Para o Ministro, os números mostram que a garantia constitucional do HC, no modo como vem sendo articulada perante o STF, tem desvirtuado o processo penal brasileiro e a própria funcionalidade do STF que, na opinião do Ministro, deveria ficar limitada às questões de natureza constitucional. No primeiro caso, de desvirtuamento do processo penal, o Ministro afirma que a garantia do devido processo legal se satisfaz com um segundo julgamento, pelo tribunal de apelação, não devendo o STF, ou mesmo o STJ, figurarem como terceiras ou quartas instâncias de nosso sistema de justiça. No segundo caso, afirma o Ministro que não é papel da *jurisdição constitucional* julgar, em média, 10.000 HCs por ano.[26] Segundo levantamento apresentado pelo

---

[26] De se notar, desde logo, que no sistema constitucional brasileiro pós-88 não é inteiramente correto, do ponto de vista técnico, falar em *jurisdição constitucional*. Com efeito, a expressão *jurisdição constitucional* remete a um tipo de jurisdição especializada, existente em alguns países da Europa continental (o exemplo mais emblemático é o da Alemanha), e que não integra a estrutura administrativa e financeira do Poder Judiciário. Não é preciso muito esforço para percebermos que, no Brasil, não possuímos nada que se assemelhe a isso em nossa engenharia constitucional. Basta um rápido lançar de olhos sob o art. 102 da CF para perceber que o sistema constitucional de competências, previstos pelo constituinte, dá ao STF um número muito maior de competências do que aquelas que caracterizam, nos moldes europeus, as de um tribunal constitucional. Por outro lado, o art. 92 da Constituição de 1988 não deixa dúvidas quando coloca o STF como órgão de cúpula do Poder Judiciário, listando-o acima do próprio Conselho Nacional de Justiça (que exerce o controle administrativo e financeiro deste mesmo Poder Judiciário). Além de todos esses elementos, deveríamos lembrar, ainda, a forma de recrutamento dos juízes que irão compor tais Tribunais que, invariavelmente, passa muito longe daquela estabelecida no art. 101 da CF/88. Todavia, é possível afirmar que a expressão *jurisdição constitucional* acabou se transformando em algo de uso comum na linguagem jurídica praticada cotidianamente pelos juristas de *terrae brasilis*. Sem embargo, nesse último caso, estamos diante de um uso terminológico que tem mais a ver com o exercício da interpretação constitucional (no sentido de que o ato de dizer o Direito constitucional é um ato de *juris-dicção* constitucional) do que, propriamente, com o sistema de competências

Ministro, entre 2010 e 2017, o STF teria julgado 42.000 HCs (em números aproximados). O Ministro, de forma grave e preocupada, produziu ainda a seguinte frase de efeito "está completamente desarrumado o sistema de HC no Brasil".

Por certo, o uso do HC como uma espécie de super-recurso deve ser objeto de atenção por parte da comunidade jurídica, e o STF, historicamente, tem envidado medidas (que são passíveis de críticas em alguns níveis, mas, de um modo geral, mantêm-se nos estritos termos da atividade funcional típica do tribunal) para tentar restringir esse uso aleatório do *writ*, como se visualiza, *v.g.*, nos entendimentos sedimentados e expressamente considerados na Súmula 691 e pelo afastamento, via de regra, da possibilidade de se conhecer do *writ* quando o caso for de Recurso Ordinário Constitucional. As exceções, sabidamente conhecidas, seriam as hipóteses de decisões "teratológicas" (que, sem embargo do caráter curioso da nomenclatura, podem ser entendidas como decisões que apresentam erros lógicos ou conteudísticos autoevidentes); ou as hipóteses de decisões que contrariam frontalmente a jurisprudência do próprio tribunal.

Em suas propostas, todavia, o Min. Barroso parece querer ir além. Ao que tudo indica, sua intenção seria discutir filtros ou barreiras que impediriam o acesso à Corte pela via do HC, como forma de "racionalizar" o sistema, já diagnosticado por ele como "extremamente desarrumado".

Tais modalidades de "arrumação" sistêmica, ao que tudo indica, ficam no campo de ação do Congresso Nacional, uma vez que, claramente, implicam alteração da lei processual (art. 22, I, da Constituição Federal), estando fora das questões meramente procedimentais, que poderiam ser tratadas no âmbito do próprio Tribunal, por meio de alterações regimentais.

Por outro lado, o argumento do Ministro parece pressupor que a parte do nosso sistema de justiça que está sob a jurisdição do STF funciona 100% e que seria ele causa-eficiente para corri-

---

e estruturas institucionais existentes na CF/88. Certamente, o Min. Barroso sabe de todas essas sutilezas relativas ao conhecimento técnico do Direito constitucional, mas, quando produz o seu argumento, acaba apontando para algo que simplesmente não existe no Direito Brasileiro (pelo menos não em termos *de lege lata*): a ideia de que as competências constitucionais do STF seriam estritamente competências constitucionais (mas, talvez, a fala do Ministro tivesse uma pretensão mais *de lege ferenda*... nesse caso, a questão estaria em qual seria o correto destinatário de sua preleção: o plenário do Tribunal ou o Congresso Nacional?).

gir os próprios erros em matéria de liberdade de locomoção. As hipóteses absurdas e sobejamente conhecidas de pedidos de HC em favor de pessoas que cometeram pequenos delitos, como é o caso, *v.g.* de vasilhames; sabonetes; melancias, etc. devem preocupar não apenas porque entulham a pauta do Supremo, mas, também, porque foram objeto de decretos prisionais expedidos por instâncias inferiores do Poder Judiciário. Nessa medida, caberia a pergunta: diante de tais situações teratológicas (que, é bom repetir, foram construídas pelo próprio Poder Judiciário e não pelo sistema constitucional de competências em matéria de HC), poderia o STF afastar sua jurisdição e quedar-se silente?

Por fim, há que se salientar que a retórica do Ministro é emblemática e impressiona pelo caráter quase indiscutivelmente veritativo que os números produzem em nosso imaginário pseudocientífico. Todavia, eles são apenas a ponta do *iceberg* jurídico que foi criado, não pela Constituição de 1988, mas por opções que são históricas no âmbito do Direito Constitucional brasileiro. Um dos argumentos construídos pelo Ministro para impressionar o seu interlocutor é edificado sob a estratégia de comparação do número de HCs julgados pelo STF e o número de *writs* ou medidas equivalentes em outros tribunais do mundo. O de maior impacto, porém, é certamente aquele que compara, em termos numéricos, a quantidade de HCs julgados pela Suprema Corte dos Estados Unidos. Nos termos das afirmações do Ministro, em 2015, a *U.S. Supreme Court* julgou cinco HCs e, em 2016, nove. Um número, de fato, impactante, se comparado à média de dez mil por ano do STF. Todavia, a comparação não pode ser olhada apenas pela ótica da lente que considera o fato (nem sempre bem explicado) de que a *U.S. Supreme Court* escolhe o que vai julgar, por meio do *writ of certiorari* (que seria uma espécie de inspiração para a nossa "repercussão geral").

Com efeito, em se tratando de estudos comparativos, o campo de análise a ser considerado é bem maior do que a simples equiparação temática (no caso, estabelecer um quadro comparativo que coteja, quantitativamente, julgamentos de HCs com Julgamentos de HCs). Há que se considerar os aspectos sistêmicos e culturais envolvidos, que determinam a singularidade do Direito de cada povo. No caso, deve(ria) entrar na conta do Ministro o fato de a *U.S. Supreme Court* configurar-se como um verdadeiro Tribunal da Federação, sendo suas competências ligadas à interpretação da Constituição Federal e ao campo de interesses da União. Vale lembrar que, grande parte da matéria criminal, que não diz respeito ao Direito Constitucional ou a leis da União, fica restrita ao âmbito dos Estados que, por lá, votam os próprios códigos penais e processuais penais. A opção histórica do constitucionalismo brasileiro, desde a origem da república e do estabelecimento de nosso sistema federativo, foi a de criar leis nacionais sobre as principais matérias jurídicas (incluindo-se aí, efetivamente, a questão penal, unificada em tornos de um centralismo federativo desde a década de 1940). Ora, é certo que apenas este fator já coloca em maus lençóis a tentativa de comparação por parte do Ministro, além de demonstrar que uma eventual tentativa de limitação, *a priori,* daquilo que o STF pode ou não julgar em matéria de HC, mostrar-se-ia arbitrária e, ao mesmo tempo, de discutível utilidade, se colocarmos a questão em perspectiva e percebermos que o problema do excesso de processos perante os Tribunais Superiores deita suas raízes em opções federativas mais profundas.

De todo modo, e em conclusão, todos os elementos acima considerados, se não colocam um ponto final à questão (que estaria muito longe, diga-se de passagem, dos objetivos destas reflexões), servem para demonstrar que a situação é complexa e deve ser resolvida em um espaço que possua mecanismos de *inputs* democráticos maiores do que aqueles de que dispõem o STF. Ou seja: a discussão que o Min. Barroso pretende encaminhar com relação à "arrumação do sistema brasileiro do *habeas corpus*" é competência do Congresso Nacional.

2.2.2. O Mandado de Segurança

Outra garantia de perfil instrumental e que serve como remédio para solucionar determinadas violações de garantias materiais previstas pela Constituição e pela lei processual. Novamente, é importante lembrar, aqui, que essas garantias não podem ser vistas apenas na perspectiva clássica, em que eram vistas na perspectiva negativa de proteção do indivíduo contra excessos praticados. No contexto hodierno, no interior de um Estado Democrático de Direito, é preciso pensar em condições para garantir positivamente determinados direitos que exigem uma prestação do Estado, como é o caso da segurança individual. Assim, o MS *deve ser encarado como um instrumento não apenas de desconstituição de atos que ofendam direitos ligados ao indivíduo, isoladamente considerado, mas, também, nos casos em que a segurança individual e o interesse social na persecução criminal são lesados por decisões que,* v.g., *deixam de determinar a prisão quando deveria fazê-lo.* Neste caso, depois de interposto o agravo, cabe a articulação do MS para dar efeito suspensivo à decisão na perspectiva de proteger o dever constitucional e restabelecer as condições de legalidade determinadas pela legislação processual penal.

Esse ponto, parece-nos, representa a discussão mais importante que envolve a garantia do MS em matéria penal. Voltaremos a ela mais adiante.

De início, é preciso registrar que o MS surge com a reforma constitucional de 1926 para pôr fim à celeuma em que estava envolvida a chamada "doutrina brasileira do *habeas corpus*". Trata-se de ação de cunho mandamental e que possui como âmbito de proteção a violação de direito, por ato ilegal ou arbitrário de autoridade, e que não esteja amparado por HC ou HD.

No que tange à defesa das garantias processuais penais materiais, o MS pode ser articulado em diversas oportunidades. Uma situação interessante em que pode ter lugar o *writ* diz respeito à tutela dos direitos individuais no âmbito das comissões parlamentares de inquérito. Aqui, tal qual acontece com HC, o cabimento do MS deve ser observado nos termos do que está assentado na jurisprudência do STF. Assim, situações que podem ensejar a impetração do *mandamus* dizem respeito às determinações da CPI que extrapolem os limites constitucionais de sua atuação. Uma hipótese em que caberia a articulação do MS pode ser mencionada nos casos em que o órgão legislativo determine, para além da quebra do sigilo telefônico, a interceptação telefônica dos depoentes.

Outra questão importante, também fruto da jurisprudência da Corte, diz respeito à impossibilidade de fungibilidade entre as ações de HC e MS. Com efeito, já ficou devidamente assentado na jurisprudência do Tribunal que nos casos em que o direito ofendido deveria ser tutelado por MS, e a parte lesada acaba por impetrar HC, não é possível conhecer o *mandamus*. Ou seja, tendo sido impetrado HC quando a ação cabível era o MS, não será conhecido o remédio heroico e, tampouco, convertido em ação de MS. Todavia, em sendo a hipótese invertida, isto é, ser o caso de a violação ser corrigida via HC e, ao contrário, articular-se o MS, poderá o Tribunal conhecer do remédio heroico, uma vez que a ordem de HC pode ser determinada *ex officio* pelo Poder Judiciário.[27]

Essas questões não acarretam maiores dificuldades de enfrentamento. A questão controvertida aparece, contudo, nos casos em que o MS é articulado não para a defesa dos direitos do acusado, mas, sim, visando a corrigir uma decisão que deixou de determinar a prisão ou a relaxou de maneira indevida.

Em março de 2018, o STJ emitiu Súmula que se ocupa exatamente deste campo material. Com efeito, nos termos da Súmula 604: *"Mandado de segurança não se presta para atribuir efeito suspensivo a recurso criminal interposto pelo Ministério Público"*.

Há que se salientar que, diante do clima policialesco que parece dar o tom das ações do MP nos últimos anos e, considerando ainda os reiterados abusos que o MP, infelizmente, vem perpetrando com relação às garantias constitucionais dos acusados (muitas vezes, com a conivência do Judiciário[28]), a solução adotada pelo STJ visando a pacificar a polêmica não deixa de ser atrativa. Dá uma boa amostra, inclusive, do que pode resultar desse exercício de política-jurídica que vem sofrendo uma escalada cada vez maior no campo processual-penal no Brasil. Dito de outro modo, se os agentes públicos que deveriam aplicar o Direito de forma imparcial utilizam o espaço privilegiado de seus cargos para dar voz aos instintos ideológicos que nos governam, assim, as próprias instituições jurídicas a um papel menor, encobrindo significados que, num contexto de objetividade na aplicação, poderiam ser importantes e oportunos.

Assim, como nossa finalidade aqui é produzir uma abordagem do processo penal que fique fora da polarização ideológica (estamos sempre em busca de uma "objetividade hermenêutica" no trato das questões jurídicas), mantemos aqui, a título de reflexão, alguns argumentos que devem ser considerados a respeito

---

[27] Cf. HC 75.232/2001.

[28] Sobre essa questão, já tivemos a oportunidade de nos manifestar Cf. OLIVEIRA, Rafael Tomaz de. O Processo Penal e os "Estados de Exceção Vingativos". *Consultor Jurídico*, 1º de abr. 2017, São Paulo. Disponível em <https://www.conjur.com.br/2017-abr-01/diario-classe-processo-penal-estados-excecao-vingativos>. Acesso em 11 de set. 2018.

da possibilidade de articulação do MS pelo MP. Por certo que, do ponto de vista dogmático, o advento da Súmula 604 do STJ tem consequências normativas interessantes (especialmente se considerarmos as hipóteses de interação com o Código de Processo Civil de 2015 e as consequências advindas da aplicação, no campo processual penal, das disposições do art. 927 daquele diploma legislativo). Sem embargo, do ponto de vista da Teoria do Direito, e da questão da objetividade na articulação das questões processuais penais, o problema continua a importar.

Desse modo, e como já antecipamos acima, parece não haver qualquer dúvida sobre a validade da tese garantista clássica no processo penal: diante do excesso ou arbítrio do poder estatal, a lei coloca à disposição do cidadão uma infinidade de *writs* constitucionais, como o HC e o MS. As garantias substantivas (materiais) no campo do Direito Penal (proibição de analogia, a reserva legal etc.) recebem no processo penal a sua materialização a partir dos procedimentos manejáveis contra abusos, venham de onde vierem.

Tudo isso é compreendido como conquistas da modernidade, representadas pelos revolucionários ventos iluministas.

Portanto, contra o poder do Estado, todas as garantias, enfim, aquilo que denominamos de "garantismo negativo". A questão que aqui se coloca, entretanto, relaciona-se diretamente com a proteção de direitos fundamentais de terceiros em face de atos abusivos dos agentes estatais, notadamente os juízes e tribunais na hipótese de concessão de liberdade ou outro direito à revelia do sistema processual-constitucional. Ninguém pode ignorar que os abusos da Lei tanto podem ser no plano do excesso (prisão sem necessidade e sem os requisitos), como também nos casos de erros crassos no plano da deficiência na aplicação da prisão (não homologação de flagrante ou relaxamento de prisão fora das hipóteses legais-constitucionais).

Pois bem. O STJ e parte considerável dos tribunais da República vêm sedimentando entendimento de que o MP não é parte legítima para interpor MS em matéria criminal. Assim, por exemplo, na hipótese de concessão (indevida) de liberdade provisória ou progressão de regime, para ficar nestes dois exemplos, o MP é parte ilegítima para buscar efeito suspensivo do recurso interposto. Neste caso, o ato judicial não poderia ser cassado em instância superior através de medidas acautelatórias em sede de segundo grau de jurisdição.

Assim, a questão que se coloca é: decisões concessivas de liberdade provisória ou concessivas de progressão de regime carcerário, em flagrante contrariedade à lei processual-penal, ficam imunes (blindadas) a remédios de urgência para corrigi-las?

Colocando o problema de uma forma mais objetiva: como resolver um caso em que decisão judicial,[29] de forma indevida e ilegal, restabeleceu, *contra legem*, o livramento condicional de um condenado por roubo, estupro e atentado violento ao pudor, flagrado, no período de prova, praticando novo assalto à mão armada?

Por que negar ao Ministério Público o uso do MS para dar efeito suspensivo ao recurso interposto, quando se sabe que um agravo em execução não tem efeito suspensivo, levando, além disto, meses para ser apreciado em segundo grau?

A resposta dos tribunais tem sido basicamente nos moldes dos julgados a seguir delineados:

"Recurso ordinário em Mandado de Segurança. Concessão de Indulto. Ministério Público: ilegitimidade: efeito suspensivo em agravo em execução. Precedentes do Superior Tribunal de Justiça."

"O Ministério Público não tem legitimidade para impetrar mandado de segurança almejando atribuir efeito suspensivo ao recurso de agravo em execução, porquanto o órgão ministerial, em observância ao princípio constitucional do devido processo legal, não pode restringir o direito do acusado ou condenado além dos limites conferidos pela legislação, mormente se, nos termos do art. 197, da LEP, o agravo em execução não possui efeito suspensivo. Precedentes do STJ. (...) Unanimidade. ROMS 12200/SP- STJ."

"Mandado de Segurança impetrado pelo Ministério Público visando efeito suspensivo a agravo em execução. Descabi-

---

[29] Ver MS em matéria Criminal nº 70.008.316.606 – Tribunal de Justiça do Rio Grande do Sul, onde a 5ª Câmara Criminal assim decidiu: "À unanimidade, julgaram o impetrante (o Ministério Público) carecedor da ação e declaram extinto o processo, sem julgamento do mérito, forte no art. 267, Inc. VI do CPC". A Desa. Genacéia da Silva Alberton, todavia, denegou a ordem por outro fundamento (entendeu não estar presente o requisito do "direito líquido e certo"), afirmando que o Ministério Público tem legitimidade para manejar MS para conferir efeito suspensivo ao recurso de agravo em execução.

mento. O presente remedido destina-se a proteger o cidadão que sofra violação por parte de autoridade (art. 1º da Lei 1.522/51). Se o ato da autoridade coatora é favorável ao cidadão, não dispõe, via de conseqüência, o Ministério Público de legitimidade para intentar o *Writ*." (...) (MS n. 70005087077- Segunda Câmara Criminal do TJ/RS).

Os argumentos que fundamentam a posição do STJ – seguida por outros tribunais – podem ser resumidos a partir do que pode ser considerado o *leading case* capitaneado pelo então Min. Luís Vicente Cernicchiaro, quando do julgamento do HC nº 6.466/SP. Em resumo, os fundamentos são os seguintes:

a) as partes da relação processual vinculam-se ao princípio da igualdade. No campo processual penal, submetidos ao tratamento conferido ao Ministério Público e ao acusado. O Direito, entretanto, não se esgota ao impor a igualdade. *Consagrou-se também o princípio da proporcionalidade; em breve, pode ser enunciado como tratamento igual para os casos iguais e desigual para os desiguais*;

b) em se projetando esse princípio para o processo penal, cumpre esta observação: o procedimento é escolhido para ensejar à acusação e à defesa desenvolver as respectivas teses. Aí, tem-se a igualdade. E teleologicamente, decorre do princípio da presunção de inocência, impedindo qualquer constrangimento ao exercício do direito de liberdade do réu;

c) se ocorrer, no curso do processo, qualquer decisão ofensiva a esse direito, o acusado poderá valer-se também das ações constitucionalizadas a fim de preservá-lo imediatamente (não faz sentido o processo visar a garantir o direito de liberdade e transformar-se em causa de agressão);

d) diferente, porém, quanto ao Ministério Público, restrito ao devido processo legal (Princípio da Legalidade), ou seja, só pode provocar restrição a direito do acusado, nos modos e limites colocados em lei;

e) as situações do agente do Ministério Público e do acusado, quanto ao procedimento, evidenciam o princípio da igualdade. Em se considerando, contudo, a desigualdade, ou seja, somente o acusado corre o risco de restrição ao direito de liberdade, *incide o princípio da proporcionalidade*, voltada para tratamento desigual frente a situações desiguais. Nessa linha, o Ministério

Público fica restrito às regras do procedimento. Não poderá valer-se do MS para, exemplificativamente, obter efeito suspensivo a recurso que não o tenha. É carecedor do direito de ação.

Esses são os fundamentos. De registrar, ademais, que os demais tribunais não têm acrescentado razões de fundo que desbordem da assumida pelo Superior Tribunal de Justiça.

Tomando por base uma perspectiva liberal-iluminista sobre o Direito (e sobre a função do Estado), seria possível concordar com a tese de que ao Ministério Público é vedado o uso de instrumento do quilate do MS. Afinal, não parece difícil sustentar a tese esgrimida pelo Superior Tribunal de Justiça, pela qual somente o acusado corre o risco de restrição à liberdade, incidindo, por isto, o princípio da proporcionalidade enquanto proteção contra os excessos estatais (o que aqui denomino de garantismo negativo). Por outro lado, em uma perspectiva liberal-iluminista, não faz sentido o processo visar a garantir o direito de liberdade e, ao mesmo tempo, transformar-se em causa de agressão ao cidadão (*sic*).

Essa posição – presente, aliás, em boa parte da doutrina penal brasileira[30] – não leva em conta a evolução do Estado e o papel do Direito no interior dos diversos modelos que conforma(ra)m a teoria do Estado.

Assim, é evidente que a perspectiva liberal, própria do Estado em formação no longínquo século XIX, fundava-se na contraposição Estado-Sociedade, sendo a função da lei meramente ordenadora (o que não é proibido é permitido), a partir da tarefa-função de defender o débil cidadão contra a "maldade" do Leviatã. Afinal, a revolução francesa – berço do Estado Liberal – representava o triunfo do privado. A burguesia destronara o velho regime exatamente para recuperar o poder político do qual abrira mão para o fortalecimento do seu poder econômico, no nascedouro do Estado Moderno-Absolutista.

O novo perfil do Estado, nessa quadra, será absenteísta. Sua função será a de servir de guardião dos interesses da classe revolucionária, a burguesia. Em outras palavras: o público (Estado) era visto como algo "ruim". Por isto, o triunfo do privado e a

---

[30] Eis um dos pontos de convergência entre a matriz liberal-iluminista e a dogmático--normativista.

pouca importância dada à Constituição, entendida como "código das relações privadas".

Passados mais de dois séculos, ainda é possível perceber as consequências desse período: em pleno modelo formal de Estado Democrático de Direito, a Constituição brasileira de 1988 ainda é vista como uma "mera carta de intenções".[31] Com efeito, muito embora tenhamos calcado nosso constitucionalismo no modelo norte-americano, mormente no que tange ao controle (difuso) de constitucionalidade, na prática seguimos (cada vez mais) a vertente do constitucionalismo resultante da revolução burguesa de 1879, dando-se maior valor aos códigos do que à Constituição...! Talvez isto explique o nível de sonegação de tributos no País e o tipo de tratamento que é dado pelo Direito Penal (portanto, do Estado) a esse crime, o que faz com que seja mais grave furtar um botijão de gás do que sonegar um milhão de reais! Isto para dizer o mínimo!

Parece razoável afirmar, desse modo, que os juristas brasileiros não podem continuar a calcar sua atuação – no plano da construção do conhecimento jurídico (doutrina e jurisprudência) – em modelos de Estado e de Direito ultrapassados pela evolução histórica.

Ou seja, o velho modelo de Estado liberal-absenteísta – contraposto à sociedade, como se dela fosse inimigo, a partir de um modelo liberal-individualista – inexoravelmente dá lugar, no século XX, às novas formas de Estado e Constituição. Surge, pois, a função social do Estado, a partir do modelo de *Welfare State*, fórmula encontrada para superar a crise do liberalismo.

Especificamente a partir do segundo pós-guerra, esse (novo) modelo ganha um *plus* normativo, representado pelo Estado Democrático de Direito, no interior do qual o Direito assume uma feição transformadora. Dito de outro modo: no marco do Estado Democrático de Direito, às funções ordenadora e promovedora do Direito, próprias dos modelos de Estado Liberal e Social, respectivamente, *agrega-se a função de potencial transformação social*.

Por isto, para bem compreendermos essa mudança de paradigmas, torna-se imperioso verificar como se alteram, paulati-

---

[31] Sobre a crise da Constituição, que denominamos de "baixa constitucionalidade", remetemos o leitor a STRECK, Lenio Luiz. *Jurisdição Constitucional e Hermenêutica:* uma nova Crítica do Direito. 2ª ed. Rio de Janeiro: Forense, 2004.

namente, os papéis institucionais dos Poderes do Estado. E isto não pode ser deixado de lado na análise do papel do Direito em *terrae brasilis*.

Perfeita, pois, a análise de Alessandro Baratta: é ilusório pensar que a função do Direito (e, portanto, por parte do Estado), nesta quadra da história, fique restrita à proteção contra abusos estatais (aquilo que denominamos de garantismo negativo). No mesmo sentido, o dizer de João Baptista Machado, para quem o princípio do Estado de Direito, nesta quadra da história, não exige apenas a garantia da defesa de direitos e liberdades contra o Estado: exige também a defesa de tais direitos contra quaisquer poderes sociais de fato. Desse modo, ainda com o pensador português, é possível afirmar que a ideia de Estado de Direito se demite da sua função quando se abstém de recorrer aos meios preventivos e repressivos que se mostrem indispensáveis à tutela da segurança, dos direitos e liberdades dos cidadãos.[32]

Na verdade, a tarefa do Estado é defender a sociedade, a partir da agregação das três dimensões de direitos – protegendo-a contra os diversos tipos de agressões. Ou seja, o agressor não é somente o Estado.

Portanto, para uma avaliação mais aprofundada do problema, é necessário ter em conta essa superação do modelo clássico de garantismo negativo. Há que se pensar para além de uma leitura unilateral das garantias processuais. A relação "indivíduo--Estado" não está apenas ancorada no princípio da proibição de excesso contra os abusos do Estado (*Übermassverbot*). Assim, o denominado "princípio da proporcionalidade" não tem (e não pode ter) o mesmo significado que tem para a teoria da argumentação jurídica, que coloca nele o modo de resolver colisão de princípios, a partir da ponderação de valores. Nem de longe podemos pensar nisso.

Com efeito, para a hermenêutica, o uso do argumento (padrão principiológico) da proporcionalidade é (apenas) um modo de explicar que cada interpretação – que nunca pode ser solipsista (esquema sujeito-objeto) – deve ser equânime, isto é, deve obedecer a uma reconstrução integrativa do Direito (e da legislação), para evitar interpretações discricionárias/arbitrárias sustentadas

---

[32] MACHADO, João Batista. *Introdução ao Direito e ao Discurso Legitimador*. Coimbra: Coimbra Editora, 1998.

em uma espécie de "grau zero de sentido", que, sob o manto do caso concreto, venham a estabelecer sentidos para aquém ou para além da Constituição.

Ter-se-ia então uma espécie de dupla face de proteção dos direitos fundamentais: a proteção positiva e a proteção contra omissões estatais.[33] Ou seja, a inconstitucionalidade pode ser decorrente de excesso do Estado, como também por deficiência na proteção. Assim, por exemplo, a inconstitucionalidade pode advir de proteção insuficiente de um direito fundamental (nas suas diversas dimensões), como ocorre quando o Estado abre mão do uso de determinadas sanções penais ou administrativas para proteger determinados bens jurídicos. Esta (nova) forma de entender a dimensão da proteção dos direitos fundamentais decorre da necessária vinculação de todos os atos estatais à materialidade da Constituição, e que tem como consequência a sensível diminuição da discricionariedade (liberdade de conformação) do legislador.

Nesse sentido, Ingo Sarlet assevera que a proteção aos direitos fundamentais

"não se esgota na categoria da proibição de excesso, já que vinculada igualmente a um dever de proteção por parte do Estado, inclusive quanto a agressões contra direitos fundamentais provenientes de terceiros, de tal sorte que se está diante de dimensões que reclamam maior densificação, notadamente no que diz com os desdobramentos da assim chamada proibição de insuficiência no campo jurídico-penal e, por conseguinte, na esfera da política criminal, onde encontramos um elenco significativo de exemplos a serem explorados."[34]

O mesmo autor admite a extensão da proibição de proteção deficiente ao processo penal. Com efeito, para Sarlet, na seara do Direito Penal (e isto vale tanto para o Direito Penal material, quanto para o processo penal) resulta inequívoca vinculação

---

[33] Nesse sentido, STRECK, Maria Luiza Schäfer. *Direito Penal e Constituição:* o lado esquecido dos direitos fundamentais. Porto Alegre: Livraria do Advogado, 2009, no qual a autora traz um extenso rol de leis e decisões judiciais passíveis de aplicação da tese da *Untermassverbot*.

[34] Cf. SARLET, Ingo. Constituição e Proporcionalidade: o direito penal e os direitos fundamentais entre proibição de excesso e de insuficiência. *Revista de Estudos Criminais*, n. 12, ano 3. Sapucaia do Sul, Editora Nota Dez, 2003, p. 86 e segs.

entre os deveres de proteção (isto é, a função dos direitos fundamentais como imperativos de tutela) e a teoria da proteção dos bens jurídicos fundamentais, como elemento legitimador da intervenção do Estado nesta seara. Com efeito, para a efetivação de seu dever de proteção,[35] o Estado – por meio de um dos seus órgãos ou agentes – pode acabar por *afetar* de modo desproporcional um direito fundamental (inclusive o direito de quem esteja sendo acusado da violação de direitos fundamentais de terceiros). Por outro lado, o Estado – também na esfera penal – poderá frustrar o seu dever de proteção atuando de modo insuficiente (isto é, ficando aquém dos níveis mínimos de proteção constitucionalmente exigidos) ou mesmo deixando de atuar, hipótese por sua vez, vinculada (pelo menos em boa parte) à problemática das omissões inconstitucionais.[36]

Isso significa afirmar e admitir que a Constituição determina – explícita ou implicitamente – que a proteção dos direitos fundamentais deve ser feita de duas formas: a uma, protege o cidadão[37] *frente ao Estado*; a duas, *através do Estado* – e inclusive através do Direito punitivo – uma vez que o cidadão também tem o direito de ver seus direitos fundamentais protegidos, em face da violência de outros indivíduos.

Queremos dizer com isso – sem temor às inexoráveis críticas dos setores ainda atrelados a uma visão liberal-iluminista clássicos acerca do papel do Estado – que este (o Estado) deve deixar de ser visto na perspectiva de inimigo dos direitos fundamentais, passando-se a vê-lo como auxiliar do seu desenvolvimento (Drindl, Canotilho, Vital Moreira e Stern) ou outra expressão dessa mesma ideia, deixam de ser sempre e só direitos contra o Estado para serem também direitos através do Estado.[38]

---

[35] Nesse sentido, ver CANOTILHO, J. J. Gomes. *Direito Constitucional e Teoria da Constituição*. 5ª ed. Coimbra, Almedida, 2002, p. 1243.

[36] Cf. SARLET, op. cit.

[37] Diga-se de passagem que a própria CF não estabelece direitos fundamentais absolutos. A liberdade individual deve estar sujeita a condições mínimas. Nesse passo, a Declaração Universal dos Direitos Humanos estatui: "Artigo 29: § 1º. Toda pessoa tem deveres para com a comunidade, em que o livre e pleno desenvolvimento de sua personalidade é possível. § 2º. *No exercício de seus direitos e liberdades, toda pessoa estará sujeita apenas às limitações determinadas por lei, exclusivamente com o fim de assegurar o devido reconhecimento e respeito dos direitos e liberdades de outrem e de satisfazer às justas exigências da ordem pública e do bem-estar de uma sociedade democrática.*"

[38] Cf. CUNHA, Maria da Conceição Ferreira da. *Constituição e Crime*. Porto: Universidade Católica do Porto, 1995, p. 273 e segs.

Essa alteração de papel dá-se quando o Estado, de potencial opositor a direitos fundamentais (essa era a perspectiva liberal-clássica), *torna-se seu protetor*, e, o que é mais incrível – "que o Estado se torne amigo dos direitos fundamentais" (Stern) (afinal, como bem consta na Constituição do Brasil, o Brasil é uma República que visa a erradicar a pobreza, construir a justiça social etc.).[39]

Esta nova face do Estado e do Direito decorre também – e fundamentalmente – do fato de que a Constituição, na era do Estado Democrático de Direito (e Social), também apresenta uma dupla face, do mesmo modo que os princípios da proibição de excesso (*Übermassverbot*) e proibição de proteção deficiente (*Untermassverbot*).[40] Ela contém, ensina Ferreira da Cunha, os princípios fundamentais de defesa do indivíduo face ao poder estadual – os limites ao exercício do poder em ordem a eliminar o arbítrio e a defender a segurança e a justiça nas relações cidadão-Estado (herança, desenvolvida e aprofundada, da época liberal – da própria origem do constitucionalismo), em especial em relação ao poder penal. Mas, por outro lado, preocupada com a defesa ativa do indivíduo e da sociedade em geral, e tendo em conta que os direitos individuais e os bens sociais para serem efetivamente tutelados, podem não bastar com a mera omissão estadual, não devendo ser apenas protegidos face a ataques estaduais, mas também face a ataques de terceiros, ela pressupõe (e impõe) uma atuação estadual no sentido protetor dos valores fundamentais (os valores que ela própria, por essência, consagra).[41]

Dito de outro modo, o modelo de Estado Democrático de Direito implica a sujeição do político ao jurídico. Repita-se: já não se pode falar, nesta altura, de um Estado com tarefas de guardião de "liberdades negativas", pela simples razão – e nisto consistiu a superação da crise provocada pelo liberalismo – de que o

---

[39] Cf. CUNHA, op. cit., p. 273 e segs.

[40] A proibição de proteção deficiente (ou insuficiente) – que pode ser vista, se assim se quiser, como a "outra face" do princípio da proporcionalidade – adveio da jurisprudência do Tribunal Constitucional Alemão, decidindo sobre a obrigatoriedade de conferir-se proteção jurídico-penal à vida intrauterina sob determinados pressupostos, cabendo destaque para a seguinte passagem da sentença: Nos casos extremos, quando a proteção determinada pela CF não se consiga de nenhuma outra maneira, o legislador pode estar obrigado a recorrer ao Direito Penal para proteger a vida em desenvolvimento. *BverfG*, Urteil v. 25.02.1975 – 1 BVF 1-6/74.

[41] Cf. CUNHA, op. cit., p. 273.

Estado passou a ter a função de proteger a sociedade nesse duplo viés:[42] não mais apenas a clássica função de proteção contra o arbítrio, mas, também a obrigatoriedade de concretizar os direitos prestacionais e, ao lado destes, a obrigação de proteger os indivíduos contra agressões provenientes de comportamentos delitivos, razão pela qual a segurança passa a fazer parte dos direitos fundamentais (art. 5º, *caput*, da Constituição do Brasil).

Fundamentalmente, a posição do Superior Tribunal de Justiça – e os demais tribunais que o seguem – não leva em conta essa alteração no papel do Direito e do Estado. Ou seja, o Superior Tribunal de Justiça, na voz do acórdão paradigmático de Cernicchiaro, trabalha apenas com a hipótese – a-histórica e atemporal – da proteção "negativa".

Numa palavra final: por vezes, parece que esquecemos – e o alerta é do pesquisador e professor de Sociologia Jurídica da Universidade Federal do Pernambuco, Luciano Oliveira – a relevante circunstância de que a segurança é, ela também, direito humano:

"E não estou falando retoricamente, estou falando textualmente... Entretanto, geralmente nos esquecemos disso. Na verdade, tão raramente nos lembramos disso que seria o caso de perguntar se algum dia 'soubemos' de tal coisa – isto é, que *a segurança, a segurança pessoal, é um dos direitos humanos mais importantes e elementares*. E, como disse, estou falando textualmente, com base nos documentos fundamentais dessa tradução, sejam as Declarações inaugurais da Revolução Francesa de fins do Século XVIII, seja a Declaração da ONU de 1948. Está lá, já no artigo 2º da primeira Declaração dos Direitos do Homem e do Cidadão de 1789: os direitos 'naturais e imprescritíveis do homem' são 'a liberdade, a propriedade, a segurança e a resistência à opressão' – (grifamos). Declaração tipicamente burguesa, dir-se-ia. Mas é bom não esquecer (ou lembrar) que em 1793, no momento em que a Revolução empreende uma guinada num sentido social ausente na primeira – uma guinada a esquerda, na linguagem de hoje –, uma nova Declaração aparece estabelecendo, em idêntico

---

[42] No sentido desse viés de proteção, consultar STRECK, Lenio Luiz; FELDENS, Luciano. *Crime e Constituição*: a legitimidade da função investigatória do Ministério Público. 3ª ed. Rio de Janeiro: Forense, 2006. v. 1. 114p.

artigo 2º, praticamente os mesmos direitos: 'a igualdade, a liberdade, a segurança, a propriedade' (*in* Fauré, 1988: 373) – (grifamos). Mais adiante, o artigo 8º definia: 'A segurança consiste na proteção acordada pela sociedade a cada um de seus membros para a conservação de sua pessoa, de seus direitos e de suas propriedades'" (idem p. 374).

E acrescenta o jurista pernambucano:

"Cento e cinqüenta anos depois a Declaração Universal dos Direitos Humanos da ONU – na qual figuram, ao lado dos direitos civis da tradição liberal clássica, vários direitos socioeconômicos do movimento socialista moderno – repetia no seu artigo 3º: *'Todo indivíduo temo o direito à vida, à liberdade e à segurança pessoal'*. E no entanto, esse é um direito meio esquecido. No mínimo, pouco citado. Ou, então, citado em contextos onde o titular dessa segurança pessoal aparece sempre como oponente de regimes ditatoriais atingido nesse direito pelos esbirros de tais regimes. Dou um exemplo significativo: numa publicação patrocinada pela UNESCO em 1981, traduzida entre nós pela Brasiliense em 1985, seu autor, ao comentar esse direito dá como exemplo o caso de Steve Biko, ativista político negro torturado e morto pela polícia racista da África do Sul em 1977. E comenta: 'O caso Steve Biko é apenas um exemplo bem documentado de uma situação em que o Estado deixou de cumprir sua obrigação de assegurar e proteger a vida de um indivíduo e em que violou este direito fundamental que, infelizmente, tem sido violado pelos governos em muitas partes do mundo' (Levin, 1985: 55 e 56). Ou seja: *por razões que são, reconhecemos, compreensíveis, a segurança pessoal como direito humano, quando aparece na literatura produzida pelos militantes, é sempre segurança pessoal de presos políticos, ou mesmo de presos comuns, violados na sua integridade física e moral pela ação de agentes estatais. Ora, com isso produz-se um curioso esquecimento: o de que o cidadão comum tem também direito à segurança, violada com crescente e preocupante freqüência pelos criminosos.*"[43] (Grifamos)

---

[43] Cfe. OLIVEIRA, Luciano. Segurança: Um direito humano para ser levado a sério. *Anuário dos Cursos de Pós-Graduação em Direito*, nº 11. Recife, 2000, p. 244/245.

3. GARANTIAS PROCESSUAIS PENAIS E A JURISPRUDÊNCIA DO SUPREMO TRIBUNAL FEDERAL: UMA CRÍTICA HERMENÊUTICA

3.1. Garantias processuais do (e no) sistema acusatório

Discutir o "sistema acusatório" é mais do que falar de garantias. É discutir paradigmas. E, mais do que isso, implica tratar de *rupturas paradigmáticas*.[44] Para tanto, e preciso entender que o "sistema inquisitório" está ligado umbilicalmente ao paradigma da subjetividade, isto é, do esquema sujeito-objeto.

Efetivamente – e não há como negar essa "circunstância filosófica" – o esquema sujeito-objeto está relacionado ao paradigma da filosofia da consciência. Queiramos ou não, é esse "esquema" que sustenta o sujeito de qualquer relação cognitiva. Por isso, é improvável ou extremamente difícil que o jurista/pesquisador/operador possa vir a entender o imbróglio decorrente do debate "sistema inquisitivo-sistema acusatório" sem compreender esse "problema filosófico". O problema é que a cultura estandardizada que permeia o direito, embora já tenhamos avançado nesse campo, continua a olhar a filosofia de soslaio, como se esta fosse um mero adereço ou adorno da ciência jurídica. Daí nossa insistência em ancorar a presente discussão na evolução dos paradigmas filosóficos e a superação da filosofia da consciência pelo giro ontológico-linguístico.

Ancorados nessa discussão paradigmática, é possível afirmar que, no sistema inquisitório (ou inquisitivo), o sujeito (da

---

[44] Sobre essa questão e sua repercussão no anteprojeto do novo CPP, remetemos o leitor a STRECK, Lenio Luiz. Novo Código de processo Penal: o problema dos sincretismos de sistemas (inquisitorial e acusatório). *Revista de Informação Legislativa*, Brasília, v. 183, p. 117-140, 2009.

relação sujeito-objeto) é o "senhor dos sentidos". Ele "assujeita" as "coisas" (se se quiser, "as provas", o "andar do processo" etc.). Isso exsurge, como já referido, da produção da prova *ex officio* e da prevalência de princípios *(sic)* como o do "livre convencimento do juiz" ou da "livre apreciação da prova". Ou seja, no "sistema inquisitivo", a prova depende do "inquisidor". Transplantada a frase para a filosofia *no* direito, a prova depende do sujeito. A prova é a "coisa". Essa "coisa" depende da visão de mundo do sujeito. Em outras palavras, a prova depende do que pensa o juiz. É do seu alvedrio que exsurgirá a decisão.

Disso, entretanto, decorre a seguinte pergunta: por que, depois de uma intensa luta pela democracia e pelos direitos fundamentais, enfim, pela inclusão nos textos legais-constitucionais das conquistas civilizatórias, *continuamos a delegar ao juiz a apreciação discricionária* nos casos de regras (textos legais) que contenham vaguezas e ambiguidades e nas hipóteses dos assim denominados *hard cases*?[45] Por que o juiz tem "livre convencimento"? Volta-se, sempre, ao lugar do começo: *o problema da democracia e da (necessária) limitação do poder.* Discricionariedades, arbitrariedades, inquisitorialidades, positivismo jurídico: tudo está entrelaçado.

Consequentemente, é possível afirmar que o sistema acusatório é o modo pelo qual a aplicação igualitária do Direito Penal penetra no Direito processual-penal. É a porta de entrada da democracia. É o modo pelo qual se garante que não existe um "dono da prova"; é o modo pelo qual se tem a garantia de que o Estado cuida de modo igualitário da aplicação da lei; enfim, é o *locus* onde o poder persecutório do Estado é exercido de um modo, democraticamente, limitado e equalizado.

No fundo, é possível dizer que o sistema acusatório é uma manifestação da recepção do paradigma que proporcionou a grande revolução no campo da filosofia: o *giro ontológico-linguístico*, pelo qual os sentidos não mais se dão pela consciência do sujeito, e, sim, pela intersubjetividade, que ocorre na lingua-

---

[45] Ver, nesse sentido, STRECK, op. cit., onde fica claro que a cisão entre casos fáceis (*easy cases*) e casos difíceis (*hard cases*) é uma arrematada ficção! Do mesmo modo, não existem regras "claras". Uma regra só é clara quando nos colocamos de acordo com o seu sentido. Quando alguém discorda, já não é mais "tão clara assim". Também deixo delineadas minhas críticas à distinção estrutural entre regras e princípios. Princípios não "abrem" a interpretação, ao contrário do que se diz no senso comum. Na verdade, princípios "fecham" a interpretação.

gem. Sendo mais simples: trata-se do fenômeno da invasão da filosofia pela linguagem. Em outras palavras: o sistema acusatório somente assume relevância paradigmática nesse contexto. Se nele colocarmos o "livre convencimento", retornaremos ao inquisitorialismo.[46]

3.1.1. O juiz e o problema da "gestão da prova"

Portanto, calha perguntar como o STF vem interpretando o papel do juiz no contexto de um processo penal regido – constitucionalmente – pelo sistema acusatório. Para encaminhar a discussão, traz-se à colação decisão do Pretório Excelso que, por uma de suas Turmas, por maioria de votos, indeferiu HC em que se alegava falta de demonstração da urgência na produção antecipada de prova testemunhal de acusação,[47] decretada nos termos do art. 366 do CPP, ante a revelia do paciente/réu. O STF deixou assentado que *a determinação de produção antecipada de prova está ao alvedrio do juiz, que pode ordenar a sua realização se considerar existentes condições urgentes para que isso ocorra.*

Eis a ementa do referido julgado:

"*Habeas corpus*. Processual penal. Produção antecipada de provas. Art. 366 do CPP. Fundamentação. Constrangimento

---

[46] Assume especial relevo, nesse sentido, as questões que exsurgem no contexto do anteprojeto do novo CPP. Jacinto Nelson de Miranda Coutinho, um dos membros da Comissão encarregada do Anteprojeto, deixa claro sua posição de que o processo penal deveria adotar o sistema acusatório na sua radicalidade, alertando, nesse ponto, para o fato de que "Centrado na *gestão da prova*, o processo penal será acusatório se ela não couber (sua busca), nunca, ao juiz. Neste aspecto, *decidiu a referida Comissão, por maioria, por uma fórmula tanto mitigada quanto perigosa*, certamente apostando na democracia processual: "O processo penal terá estrutura acusatória, nos limites definidos neste Código, vedada a iniciativa do juiz na fase de investigação e a substituição da atuação probatória do órgão de acusação." (art. 4º). Texto publicado pelo *Consultor Jurídico*, 6 de abr. 2009, São Paulo. Disponível em <http://www.conjur.com.br/2009-abr-06/revisao-codigo-processo-penal-demanda-sistema-acusatorio>. Acesso em 14 de jun. 2018. Ainda nesse sentido, ver também COUTINHO, Jacinto Nelson de Miranda. As reformas parciais do CPP e a gestão da prova: segue o princípio inquisitivo. *Boletim do IBCCRIM*, v. 188, p. 11-13, 2008.

[47] Nesse ponto, na linha daquilo que aqui denunciamos, Flaviane Barros assevera o seguinte: "a possibilidade de o juiz de ofício determinar a produção de provas de natureza cautelar, na fase investigatória, analisando a urgência e relevância, com base em critérios de necessidade, adequação e proporcionalidade, é com certeza a maior abertura para a discricionariedade e para o subjetivismo do juiz no processo penal brasileiro. Essa mudança desnatura toda a base de princípios garantidores da liberdade do cidadão definida na CR/88". (Cf. BARROS, Flaviane de Magalhães. *(Re)forma do Processo Penal*. Belo Horizonte: Del Rey, 2008, p. 32).

ilegal não-caracterizado. 1. Cabe ao Juiz da causa decidir sobre a necessidade da produção antecipada da prova testemunhal, podendo utilizar-se dessa faculdade quando a situação dos autos assim recomendar, como no caso em apreço, especialmente por tratar-se de ato que decorre do poder geral de cautela do Magistrado (art. 366 do CPP). 2. *Habeas corpus* denegado."[48]

Observe-se a imbricação entre o sistema inquisitório e a filosofia da consciência (questão paradigmática, pois): a determinação de produção antecipada de prova fica a critério (discricionariedade, livre apreciação, para dizer o menos) do juiz.[49] O Min. Lewandowski votou vencido, concedendo a ordem, porque vislumbrou ofensa ao dever de fundamentar as decisões judiciais e às garantias do contraditório e da ampla defesa, uma vez que a decisão que determinou a produção de prova esteve "fundamentada" tão somente no fato de o paciente não ter sido localizado (nas palavras do Ministro, "a decisão fora determinada de modo automático").

Nesse importe, calha registrar que o voto descrito acima representa um sensível avanço no posicionamento do Min. Lewandowski quanto às garantias do sistema acusatório. Com efeito, no julgamento do HC 91.777/SP *J*. 27.09.2007 – anterior, portanto, ao HC sob comento, o Ministro, que neste caso figurava também como Relator do feito – entendeu não haver violação à garantia da ampla defesa (elemento central no contexto do sistema acusatório) o indeferimento da realização de diligência que a defesa entendia ser fundamental para o deslinde da causa. Nesse julgado, Min. Lewandoski confirmara a posição do STJ, ao afirmar que "o deferimento de diligências é ato que se inclui na esfera de discricionariedade regrada do Magistrado processante que poderá indeferi-las quando as julgar protelatórias ou desnecessárias e sem pertinência com a instrução do processo".[50]

---

[48] HC 93.157, *DJ*. 23.09.2008.

[49] Por vezes, os juízes e Tribunais justificam esse "alvedrio" a partir do velho "princípio" (*sic*) da verdade real.

[50] No mesmo sentido é a decisão do HC 90.399/RJ *J* 27.03.2007 Rel. Min. Ricardo Lewandowski. EMENTA: Processual Penal. Recurso ordinário em *Habeas Corpus*. Condenação por roubo. Acareação entre testemunhas. Ato indeferido pelo magistrado. Fundamentação adequada. Ofensa aos princípios da ampla defesa e do contraditório, bem como às regras do sistema acusatório. Inocorrência. Deferimento de provas. Decisão discricionária do magistrado. I – O deferimento de provas submete-se ao prudente arbítrio do magistrado, cuja

Portanto, o STF apenas enfrenta perifericamente a questão do dever de fundamentação e dos limites do "alvedrio" judicial. Até agora, apenas o voto isolado do Min. Lewandoski respeita efetivamente o sistema acusatório. Já os votos vencedores apenas fortalecem o protagonismo judicial, apostando na "boa escolha" – discricionária – do magistrado.

De nossa parte, entendemos que, a partir de uma análise constitucional, parece-nos evidente que, quando a lei estabelece a possibilidade de *o juiz determinar a produção antecipada das provas consideradas urgentes,*[51] a sua decisão deverá estar fundamentada/justificada com todos os detalhes, além de passar pelo crivo do contraditório e da ampla defesa, como bem frisou o voto vencido. Além disso, a urgência deve ser considerada levando em conta toda a história institucional das decisões anteriores que tratam dessa temática, respeitando a coerência e a integridade. "Provas consideradas urgentes" não é um enunciado assertórico. Tampouco é um enunciado performativo. A "proposição jurídica" só terá sentido em cada caso concreto. A aplicação automática do dispositivo (*tabula rasa*) abre espaço para a decisão que o juiz julgar mais conveniente. E isso é reforçar o "subjetivismo/discricionarismo" dos juízes.[52]

Ou seja, a noção do que seja "urgente" não pode depender de uma opinião pessoal. Se assim se entender – vingando, desse modo, a posição majoritária (e equivocada) do STF – a garantia processual do contraditório e da ampla defesa estará deslocada da Constituição para a subjetividade do julgador.

---

decisão, sempre fundamentada, há de levar em conta o conjunto probatório. II – É lícito ao juiz indeferir diligências que reputar impertinentes, desnecessárias ou protelatórias. III – Indeferimento de pedido de acareação de testemunhas, no caso, devidamente fundamentado. IV – Inocorrência de afronta aos princípios da ampla defesa e do contraditório ou às regras do sistema acusatório. V – Recurso conhecido e improvido.

[51] Registre-se, aliás, que o Anteprojeto do novo CPP praticamente reproduz o atual art. 366 (provas consideradas urgentes). Portanto, *de nada adiantará um novo CPP se o juízo sobre a "urgência" fica ao "alvedrio do juiz"*. Veja-se, aqui, a relação entre o "novo" texto e o "velho" texto e de como o novo poderá se tornar velho a partir de uma interpretação que coloque o solipsismo judicial no topo da condição de sentido.

[52] Lembremos, por relevante, que a fundamentação/justificação/motivação das decisões é um direito fundamental do cidadão (aliás, assim considerado pelo TEDH; Sentenças: *a)* de 9.12.1994 – TEDH 1994, 4, Ruiz Torija e Hiro Balani-ES, §§ 27 e 29; *b)* de 19.02.1998 – TEDH 1998,3, Higgins e outros – Fr, parágrafo 42; e *c)* de 21.01.99 – TEDH 1999,1, Garcia Ruiz-ES. No mesmo sentido, ressalte-se a posição do Tribunal Constitucional da Espanha (sentença 20/2003, de 10 de fevereiro). Essa questão será trata em pormenores na sequência deste estudo.

3.1.1.1. O uso heterodoxo da "condução coercitiva" e sua incompatibilidade com o princípio acusatório

Ainda no contexto da chamada "gestão da prova", que, como vimos no item anterior, em modelos inquisitoriais de processo penal, assenta-se em um protagonismo judicial (o juiz preside a instrução e é o "gestor" da prova), o CPP prevê, em sua redação original, como forma de coagir testemunhas e acusados que não atenderam ao chamado judicial para prestar depoimentos ou comparecer a atos cuja presença (no caso do acusado) seja indispensável, a figura da "condução coercitiva".

A técnica é, portanto, marcadamente inquisitória. Essa constatação é autoevidente, sendo desnecessário proceder a qualquer análise de cunho, por assim dizer, mais "empírico" com relação ao instituto.

Ademais, nos estritos termos de uma análise meramente "normativa", seria tal instrumento do processo penal não recepcionado pela Constituição de 1988 por se equiparar – ainda que temporariamente – a uma medida de restrição da liberdade assemelhada à prisão e que não se encontra prevista, a toda evidência, nas hipóteses do inciso LXI do art. 5º da Constituição.[53]

No caso da condução coercitiva do acusado, de se salientar, ainda, que a medida fere o direito de não incriminação, a garantia constitucional do silêncio e é contraditória, em alguma medida, com a "pena" processualmente prevista para o réu que não comparece ao seu interrogatório: a continuidade do processo à sua revelia.[54]

Sem embargo, há na medida evidentes incompatibilidades processuais com o modelo constitucional pós-1988. Na linha do que já foi dito, é absolutamente incompatível com o princípio acusatório a concentração, em torno da figura do juiz, do poder

---

[53] Registre-se ainda, por relevante, que, em face da vigência entre nós da Convenção Interamericana de Direitos Humanos, haveria um segundo óbice normativo à figura da condução coercitiva. Com efeito, nos termos da referida convenção, é vedada qualquer *detenção* ou encarceramento arbitrários (art. 7º, n.3). Por outro lado, garante-se àquele que sofre *detenção* o direito de conhecer as acusações que pesam sobre ela (art. 7º, n.4). Assim, ainda que não se admita que a figura da condução coercitiva seja assemelhada à prisão (afirmação com a qual não concordamos, uma vez que, ainda que temporariamente, o conduzido foi privado de sua liberdade), haveria incompatibilidade do instituto da condução coercitiva com o regime jurídico dos direitos humanos vigente no Brasil.

[54] Nesse sentido, conferir a fundamentação da liminar concedida pelo Min. Gilmar Mendes nas ADPFs 395 e 444.

de sua determinação. Vale dizer, tanto no caso de testemunhas (art. 218) quanto do acusado (art. 260), cabe ao juiz determinar que sejam conduzidas, se necessário com o uso da força, para que compareçam perante o juízo. Mas, caberia a pergunta: tal decisão poderia ser afirmada *ex officio*? Ou seja, poderia o juiz, independentemente de requerimento, determinar que a testemunha ou o acusado sejam conduzidos coercitivamente?

A resposta padrão da dogmática a esta pergunta diz que sim. Além de ser matéria que conta com reserva de jurisdição[55], a condução coercitiva estaria coberta pelo "poder geral de cautela" de modo que, independentemente de requerimento, poderia o juiz determinar sua realização.

Todavia, para que se dê efetiva força normativa ao princípio acusatório, tais dispositivos devem ser lidos a partir de uma *interpretação conforme à Constituição* de modo que o juiz poderá determinar a condução coercitiva, desde que efetivamente requerida pelo ministério público, autoridade policial ou pelo acusado.

---

[55] De se consignar que a cláusula de reserva de jurisdição não é observada de forma ortodoxa no Direito brasileiro no que tange à decretação de conduções coercitivas. Essa deve ser a conclusão, se considerarmos a jurisprudência do STF sobre a extensão dos "poderes investigatórios" das CPIs. Com efeito, desde o julgamento do HC 71.039, parece prevalecer o entendimento de que, para fiel cumprimento de seus desígnios constitucionais, as CPIs precisam contar com a possibilidade de utilização de meios coercitivos, sob pena de tornar o tal "poder investigatório", impraticável. Importante anotar, desde logo, que os mesmos argumentos utilizados no texto para sustentar a não recepção da condução coercitiva pelo regime constitucional pós-88, devem ser estendidos à hipótese da decretação da medida por comissões do Congresso, ainda que revestidas de poderes investigatórios, como é o caso das CPIs. Por outro lado, num contexto mais amplo de discussões, os argumentos apresentados pelo STF no *leading case* supracitado, são argumentos políticos e não argumentos de princípio. Na fundamentação do acórdão, lê-se, por exemplo, o seguinte: "se a comissão parlamentar de inquérito não tivesse meios compulsórios para o desempenho de suas atribuições, ela não teria como levar a termo o seu trabalho, pois ficaria a mercê da boa vontade ou, quiçá, da complacência de pessoas das quais dependesse em seu trabalho". Calha perguntar: a dificuldade no desempenho de suas atribuições, pode ser considerado um argumento capaz de restringir um direito fundamental? Parece evidente que a resposta é negativa. Sem embargo, ainda que desempenhe um controle *ad hoc* em determinados casos em que a ordem de condução coercitiva foi expedida por uma CPI, o entendimento de que, em regra, é cabível sua decretação permanece inalterado. Isso é o que podemos concluir da recente liminar concedida pelo Min. Alexandre de Morais no HC 150.180, na qual, a despeito de afastar a ordem de condução para o caso concreto, ressalvou que as CPIs, via de regra, possuem os mesmos poderes que as autoridades judiciais, incluindo-se neles a possibilidade de decretação da condução coercitiva. *Tais entendimentos, por certo, deverão ser colocados em estado de suspensão e crítica,* uma vez que refletem a ideia de que o instituto da condução coercitiva teria sido recepcionado pela CF/88, conclusão que está em xeque desde a liminar proferida pelo Min. Gilmar Mendes nas ADPF's 395 e 444.

Desde meados de 2013, ações levadas a cabo pela Polícia Federal e pela MP, colocaram novamente em evidência esse vetusto instituto. Centenas de ordens de condução coercitiva foram expedidas pelo Poder Judiciário, mas, aquela que causou maior agitação foi, certamente, a que atingiu o ex-Presidente Luís Inácio Lula da Silva, em março de 2016.[56]

Os fatos são públicos e notórios. Todavia, é importante aqui reconstruirmos algumas de suas feições do ponto de vista jurídico. A decisão que determinou a referida condução coercitiva foi tomada no bojo do processo 5006617- 29.2016.4.04.7000, que tramita junto a 13ª Vara da Justiça Federal de Curitiba.

Da decisão não é possível extrair qual a situação processual que levava à possibilidade da decretação da condução coercitiva do ex-Presidente. Explicando melhor: não é possível determinar se a origem da medida está relacionada à sua condição de acusado, ou se seria ele ouvido na condição de testemunha.

Ademais, ainda que seja superada a questão da recepção ou não da medida pela Constituição de 1988, o CPP diz que:

"Art. 218. A testemunha regularmente intimada que não comparecer ao ato para o qual foi intimada, sem motivo justificado, poderá ser conduzida coercitivamente."

"Art. 260. Se o acusado não atender à intimação para o interrogatório, reconhecimento ou qualquer ato que, sem ele, não possa ser realizado, a autoridade poderá mandar conduzi-lo à sua presença". Parágrafo único: "o mandado conterá, além da ordem de condução, os requisitos mencionados no artigo 352, no que lhes for aplicável."

No caso do ex-Presidente, não houve prévio mandado de intimação expedido pelo juízo que tutela o processo.

Ora, até os minerais sabem que, em termos de garantias, a interpretação é restritiva. Não vale fazer interpretação analógica ou extensiva ou dar o drible hermenêutico da vaca. *A lei exige intimação prévia. Nos dois casos.*

Mais: como já mencionado acima, a condução coercitiva, feita fora da lei, é uma prisão por algumas horas. E prisão por um

---

[56] Cf. STRECK, Lenio Luiz. Condução coercitiva de ex-Presidente Lula foi ilegal e inconstitucional. *Consultor Jurídico*, 4 de mar. 2016, São Paulo. Disponível em <https://www.conjur.com.br/2016-mar-04/streck-conducao-coercitiva-lula-foi-ilegal-inconstitucional>. Acesso em 22 de set. 2018.

segundo já é prisão. Pior: mesmo que se cumprisse o CPP, ainda assim haveria de ver se, parametricamente, se os arts. 218 e 260 são constitucionais. A resposta é: no mínimo o art. 260 é inconstitucional (não recepcionado) porque implica produção de prova contra si mesmo. Todavia, ao tempo da condução coercitiva do ex-Presidente, a despeito dos argumentos que aqui lançamos pela não recepção dos dispositivos citados, o STF ainda se orientava pelo entendimento de que a condução coercitiva é medida juridicamente possível perante o Direito brasileiro. Mas, definitivamente, não nos moldes do que estamos discutindo aqui. Cabe(ria) a condução nos termos do que está no CPP. Recusa imotivada, eis o busílis. Não atender a uma intimação: essa é a *ratio*.

Logo, o ex-Presidente Lula e todas as pessoas que até hoje foram "conduzidas coercitivamente" (dentro ou fora da "lava jato") o foram à revelia do ordenamento jurídico. Que coisa impressionante é essa que está ocorrendo no país. Desde o STF até o juiz do juizado especial de pequenas causas se descumpre a lei e a Constituição.

Assim, de grão em grão, vamos retrocedendo no Estado Democrático de Direito. Sempre em nome da moral pública, do clamor social, etc. Sim, para prender, basta dizer a palavra mágica: clamor social e garantia da ordem pública. Não são mais conceitos jurídicos, e, sim enunciados performativos. É como se o juiz, usando de sua livre apreciação da prova (remetemos aqui os leitores ao item anterior) – tivesse um "clamorômetro" ou um "segunrançômetro".

A polícia, de sua parte, disse à época que a medida foi requerida para resguardar a segurança do ex-Presidente. É sempre conveniente lembrar que Estado de Exceção é sempre feito para resguardar a segurança. O – no caso em análise – *establishment* juspunitivo (MP, PJ e PF) suspendeu mais uma vez a lei. Em termos schmittianos, Soberano é quem decide sobre o Estado de Exceção. E o Estado de Exceção pode ser definido, segundo Agamben, pela máxima latina *necessitas legem non habet* (necessidade não tem lei).

Do modo como a medida foi articulada neste caso – e nos outros assemelhados – houve nitidamente uma quebra da ordem jurídica mediante recursos a argumentos típicos de Estado de Exceção.[57]

Importante acrescentar que o STF foi instado para se pronunciar acerca da (in)constitucionalidade do art. 260 por meio de duas Arguições de Preceito Fundamental (395 e 444). Em dezembro de 2017, o Relator de ambas arguições, Min. Gilmar Mendes, conferiu liminar vedando a condução coercitiva de investigados para interrogatório. Ressalvou, contudo, que sua decisão não atingia a validade de depoimentos tomados anteriormente mediante condução coercitiva (o que é altamente questionável, já que se trata de matéria não recepcionada). Sem embargo, trata-se de decisão monocrática e, por isso, precária, podendo ser superada por decisão da maioria absoluta do plenário do tribunal. Até o momento de finalização do presente texto, não havia sequer a data do julgamento em plenário. Mas, mesmo que o STF, por maioria, venha a dizer que a medida foi recepcionada, ainda assim, haveria de se superar a sua literalidade garantista e garantidora: a de que *só cabe a condução nos casos em alguém foi intimado e não comparece imotivadamente.*

Sem embargo, para que se tenha uma amostra do tipo de dificuldade que recai sobre aqueles que se ocupam de analisar, com algum grau de cientificidade, o Direito brasileiro, temos as prisões e os posteriores alvarás de soltura que foram expedidos pelo Min. Roberto Barroso depois de pedidos formulados pela Procuradoria-Geral da República no contexto da Ação Cautelar 4.381/DF. Com efeito, cuidava-se na referida ação de dar seguimento às investigações que envolvem a prática de possíveis crimes contra a administração pública em condutas levadas a efeito pelos investigados no âmbito da administração do Porto de Santos. Como se sabe, tal investigação envolve o próprio Presidente da República e pessoas do seu círculo de relações pessoais.

---

[57] Registre-se que, mesmo depois de toda a repercussão envolvendo o caso do ex-Presidente, as conduções coercitivas continuaram a ser utilizadas, com o mesmo *modus operandi*, nas chamadas "operações". Casos emblemáticos e mais recentes tiveram lugar nas investigações envolvendo o uso de recursos públicos destinados à pesquisa e administrado por universidades federais. Por conta de seu desfecho trágico, o caso do reitor da UFSC, Luiz Carlos Cancelier, ganhou dimensão nacional. Outro caso que merece ser lembrado, é aquele que envolveu reitores na UFMG. Sobre esse último, Cf. STRECK, Lenio Luiz. Conduções Coercitivas: precisamos de um *habeas corpus* preventivo? *Consultor Jurídico*, 11 de dez. 2017. Disponível em <https://www.conjur.com.br/2017-dez-11/streck-conducoes-coercitivas-precisamos-hc-preventivo>. Acesso em 11 de fev. 2018.

De todo modo, no bojo da referida Ação Cautelar, houve a decretação da prisão temporária de treze investigados e, exatamente três dias depois, tais prisões foram revogadas sob o argumento de que "as medidas de natureza cautelar teriam alcançado a sua finalidade".

As justificativas para tais prisões se encontravam em motivos de conveniência da persecução criminal (quais sejam: tomada de depoimento dos investigados; impedir destruição de provas; retirar o acusado de circulação de modo a impedir que houvesse por parte dele a prática de algum ato que obstruísse o curso da investigação, etc.). Ora, não é preciso muita imaginação para perceber que, no caso, a prisão temporária foi decretada no mesmo contexto de justificativas e objetivos que fundamentavam, em operações anteriores, as chamadas "conduções coercitivas".

Lição comezinha da hermenêutica filosófica gadameriana afirma que "o dito carrega consigo o não-dito". Nesse caso, o "não-dito" transborda as margens do caso e nos permitem concluir alguns resultados objetivos:

a) em primeiro lugar, comprova-se o argumento que já havíamos antecipado acima no sentido de que as "conduções coercitivas", no modo em que vinham sendo autorizadas pelo Poder Judiciário no âmbito das operações da polícia e do MP, não se prestavam simplesmente a "trazer à presença do juízo" alguém (testemunha ou acusado) que desobedecera a um mandado de intimação. Ao contrário, transvestiam-se em verdadeiras "prisões para fins de averiguação", ou seja, pequenas prisões temporárias que mantinham o conduzido detido por um curto período, a fim de garantir a conveniência da persecução criminal. Tal constatação reforça a tese de que, neste particular, não houve a recepção do instituto pela Constituição Federal de 1988, inclusive porque utilizado em flagrante *desvio de finalidade*;

b) por outro lado, há que se destacar aqui uma dinâmica processual no sentido de contornar os efeitos da liminar exarada – ainda que por decisão monocrática – pelo próprio STF nas ADPFs 395 e 444. De fato, uma vez que não se pode determinar a condução coercitiva, encaixa-se no lugar uma discutível prisão temporária. Esse tipo de "jeitinho instrumental" tem se tornado corriqueiro no processo penal brasileiro pós-lava jato.

3.1.1.2. Prova obtida por meio ilícito

Em decisão exarada nos autos da Ação Penal nº 5036528-23.2015.4.04.7000/PR, o juízo da 13ª. Vara da Justiça Federal de Curitiba apreciou os pedidos de desconsideração de provas que a defesa considerava terem sido obtidas por meios ilícitos, no caso de réus ligados à Construtora Odebrecht. A decisão exarada pelo referido juízo foi negativa, e os motivos ensejadores da rejeição operavam a partir de uma distinção que a decisão tentava estabelecer entre o *ilícito* e o *irregular*.

Como a decisão pretende oferecer um recorte cientifico-dogmático para o caso que lhe dá sustentação, passa ela a gozar de interesse científico indiscutível e, por esse motivo, a colocamos aqui como objeto de análise verticalizada.

Nos termos postos pela referida decisão, a prova só seria írrita se pudesse ser enquadrada dentro do espectro conceitual do *ilícito*. Fora desse esquadro, o vício, ainda que existente, seria sanável porque a ofensa ao Direito deveria ser, de certo modo, tolerada. Nesse último caso, estaríamos na seara da *irregularidade* que se manifestaria, por exemplo, nos casos de vícios procedimentais que pudessem ser superados no desenrolar do processo (é sempre de bom alvitre lembrar: o que determina a ilicitude da prova é o *meio* de sua obtenção – inexistindo, portanto, prova ilícita "por natureza –, daí a importância da análise da observação das regras procedimentais no momento de sua produção).

A decisão joga ainda com uma analogia com o regime de nulidades constantes do CPP brasileiro (de lógica marcadamente inquisitorial), deixando no âmbito do não dito a ideia de que não haveria que se falar em nulidade, uma vez que a falha procedimental da justiça suíça não teria gerado nenhum prejuízo para a defesa.

Há ainda que se mencionar a "batalha de significações" que se pretende estabelecer a partir de uma tentativa – retórica – de delimitar campos semânticos distintos para o *ilícito* e o *ilegal* por meio de uma menção no sentido de que a tradução da decisão suíça providenciada pelos réus teria vertido a palavra inglesa *illegal* para o português *ilícito*.

Para a decisão, essa tradução estaria errada ou, pelo menos, imprecisa. Daria uma importância para o assentado que é bem menor do que a realidade. No conjunto dos argumentos da decisão, o que se pode depreender é que a prova *ilícita* seria aquela que atenta diretamente contra direitos fundamentais dos acusados; ao passo que a prova *ilegal*, por pretensamente não ofender estes mesmo direitos fundamentais, teria um significado menor do que a primeira, podendo ser aproveitada no processo.

A decisão, ao contrário do se pode imaginar, não surpreende. Na verdade, já há muito tempo o pensamento jurídico brasileiro flerta com um tipo de imaginário que vê nas questões procedimentais – e até mesmo processuais – um valor menor do que naquelas em que se discute o Direito material. Nessa perspectiva, não pode o processo ser visto como um "fim em si mesmo". Isso seria um empecilho para a realização do direito material, desvirtuando-se o Direito em sua própria *raison d'être*. Daí decorrem as conhecidas propostas teóricas da instrumentalidade do processo, flexibilização procedimental, etc.

No campo do processo penal, quando a clientela estava situada no andar de baixo, poucas eram as vozes que se inclinavam contra uma tendência cristalizada na jurisprudência de se condenar o acusado com base em provas produzidas na fase do inquérito policial e que não tiveram confirmação clara durante a instrução processual com contraditório. A lógica que preside esse raciocínio é a mesma que a anterior. Um mero problema procedimental? Uma simples formalidade? Não pode obstar a realização da justiça que claramente está evidenciada no bojo probatório trazido aos autos. Ainda que esse bojo seja quase todo produzido na fase inquisitorial. Quantas pessoas foram condenadas e ainda hoje estão cumprindo pena por força de decisões fundamentadas nesse tipo de argumento?

A despeito disso, sabemos que uma das características mais essenciais do Direito moderno – que se observa em sociedades complexas – se dá pela autonomização do processo com relação ao direito material e com a consequente sofisticação procedimental. Nesse sentido, não existe Estado de Direito sem procedimentos regulados pelo... Direito. E mais: em uma democracia – preocupada com a construção de um governo limitado – o processo e os procedimentos assumem uma posição singular, na medida em que servem como técnica de bloqueio contra arbitrariedades, personalismos, paternalismos, etc.

Esse rebaixamento das questões procedimentais a um formalismo estéril que volta e meia aparece nos discursos oficiais sobre o Direito nos atira na direção de uma pré-modernidade, de julgamentos penais sem garantias e do processo civil como um quase-contrato.

Ora, em uma sociedade complexa, ninguém se submete às determinações do Direito porque emanadas de uma mente privilegiada que se coloca como reserva moral da comunidade. Ao contrário, cumpre-se o Direito porque ele foi validado por um rigoroso contexto de regras processuais e procedimentais que dão publicidade e transparência às decisões do poder político (no exercício de qualquer uma de suas funções) e justificado com base nos princípios da comunidade política.

Assim, o descumprimento de um procedimento viola sim direitos fundamentais. Em uma democracia, processo e procedimentos são garantias dos cidadãos contra arbitrariedades praticadas pelos agentes públicos. E isso toma ares ainda mais vistosos quando estamos no âmbito do processo penal. Seu descumprimento, por mais singelo que seja, não é um *minus* com relação a outros tipos de "ilegalidades" ou "ilicitudes". E isso vale para todos os participantes da comunidade política: seja o "José das Sandálias", condenado com base em provas produzidas na fase inquisitorial; Seja o "João sapato-de-cromo-alemão" que teve provas produzidas irregularmente juntadas ao seu processo.

Juiz decide por princípio. E isso implica compreender que o procedimento a ser seguido – no tocante à (i)licitude da prova – é condição de possibilidade para a democracia. Por isso, essa distinção entre irregularidade e ilicitude é meramente retórica. Não seguir o procedimento para a obtenção da prova já é, por si, uma ilicitude. Daí que já não se pode demandar o ultrapassado "princípio" de que não há nulidade sem prejuízo. Isso valia para o estatalismo do século XIX. Hoje já não vale.

E isso é assim independentemente das flexões conceituais que a ginástica da decisão aqui analisada pretende efetuar: como retórica é pouco eficiente, só convence aos incautos. Como técnica é altamente discutível, ao invés de iluminar a discussão serve apenas para atirá-la ainda mais nas sombras.

3.1.1.3. Prova ilícita de boa-fé

Entre os anos de 2015 e 2016, começou a tomar corpo no Brasil um movimento que se intitulava anticorrupção e que, advogando teses capitaneadas por setores do Ministério Público e do Judiciário, conseguiram sensibilizar parte considerável da sociedade civil brasileira. O sucesso das ideias é, certamente, de fácil compreensão: todos são contrários a práticas corruptivas tanto no setor privado quanto no setor público. Logo, seria necessariamente bom, um projeto de lei que ventilasse medidas – pretensamente eficazes – para combater esse mal que é a corrupção. E assim se fez, o movimento alcançou os requisitos constitucionais para iniciativa popular do processo legislativo, e o projeto, intitulado "10 medidas contra a corrupção", foi submetido ao escrutínio do Congresso Nacional.

Para o cidadão comum, tudo aquilo poderia parecer interessante e eficaz no combate à corrupção. Para a comunidade jurídica, no entanto, a coisa causou bastante ruído. Entre outras coisas, porque, a pretexto de se combater um mal, criava-se outro, pois atirava o país numa dimensão de obscurantismo penal e de retrocesso com relação a garantias processuais-penais civilizatórias.

Defensor de primeira hora do projeto, o juiz Sérgio Moro (conhecido por sua atuação junto a 13ª Vara da Justiça Federal de Curitiba) externou, em pronunciamentos públicos, algumas de suas posições – jurídicas? – a respeito das medidas que ali eram propostas.

Nessa medida, para Moro, embora a Constituição seja taxativa no sentido de que são vedadas provas ilícitas, se estas – as provas ilícitas – forem obtidas com boa-fé, tudo bem. Ou seja, pode ser ilícita, mas ficará esquentada "quando os benefícios decorrentes do aproveitamento forem maiores do que o potencial efeito preventivo" (*sic*).

Se a afirmação acima estiver correta, o processo penal passou a ser guiado por um tipo pedestre de utilitarismo. Os fins justificam os meios. A questão é saber: como coadunar a obtenção de uma prova ilícita, proibida, que a civilização contemporânea abomina, com uma pretensa boa-fé? Uma escuta clandestina poderia ser considerada prova ilícita de boa-fé se "devidamente requentada" por ato do Poder Judiciário? E o ato de "dar um aperto" no acusado, para obter um "bem maior" que é a "verdade" do processo?

Vejamos o que diz a CF em seu art. 5º, LVI – *são inadmissíveis, no processo, as provas obtidas por meios ilícitos.*

O que se pode ler disso? O que é inadmissível? Aquilo que não pode ser admitido, não pode ser aceito; o que é prova? Como diria um famoso manual, prova é aquilo que serve para demonstrar algo; e o que é "obtidas"? Como diria outro manual, é aquilo que se obtém, se capta, pega, captura; e o que são "meios ilícitos"? São meios que a lei não permite.

No mesmo sentido, a própria Constituição Federal diz no mesmo art. 5º, X, que são invioláveis a intimidade, a vida privada, da honra, a imagem, o domicílio, e as comunicações, salvo nos casos permitidos no inciso XII, do mesmo artigo, a das comunicações telefônicas. Conclusão necessária: a obtenção de prova ilícita viola, sempre, de algum modo, aquilo que a própria Constituição Federal estabelece como inviolável e/ou protegido.

Daí a pergunta: De onde se poderia tirar qualquer ilação no sentido de que a Constituição Federal poderia ser driblada por intermédio da boa-fé? A boa-fé é incompatível com a ilegalidade. Onde está escrito na Constituição Federal que "se for de boa-fé a violação da vida privada, da honra, etc.", então poderá ser validada? Ora, não brinquemos com coisa séria. Só falta alguém dizer que a obtenção criminosa/ilícita de uma prova pode ser convalidada, na hipótese de o crime (de obtenção ilícita — por exemplo, tortura, invasão de domicilio, etc.) ser culposo. Quem sabe "uma tortura culposa" ou "uma escuta clandestina culposa"?

Triste é o país que, sob pretexto de combater o crime, assume que pode violar garantias. A proposta atira fora o bebê junto com a água suja. Pior: o que é isto, a "boa fé" ligada a uma ilicitude? Não estaríamos diante de uma contradição performativa ou de um paradoxo? Como assim? Ilicitude mais boa-fé igual a licitude?

Imperioso afirmar: o Direito, por conquista civilizatória, não pode aceitar comportamentos antijurídicos e nem consentir que dessa ilegalidade o Estado tire proveito em prejuízo do cidadão. Ilegal será o órgão Judiciário que venha a admitir o uso de prova colhida de forma antijurídica. E não se negocia isso. Não é preciso discutir, aqui, a questão das provas obtidas por fonte autônoma, sem nexo causal. Se são autônomas e não têm nexo causal com as ilícitas, nem precisamos discutir essa questão.

3.1.2. A participação do juiz no inquérito torna suspeita sua competência para futura ação penal?

Um problema importante, ainda na seara do papel do juiz no âmbito do processo penal acusatório, foi enfrentado pelo STF no julgamento do HC 92.893/ES em que se questionou se o magistrado pode ou não atuar no inquérito policial e, posteriormente, assumir a condução da virtual ação penal (vale lembrar que o art. 75 do CPP torna prevento o juízo que, antes da denúncia ou da queixa, pratica atos no inquérito policial. Portanto, estava em jogo a própria constitucionalidade – recepção – do referido dispositivo).

"Processual Penal. *Habeas Corpus*. Presidência de Inquérito. Impedimento do Magistrado. Inocorrência. Art. 255 do CPP. Rol taxativo. Precedentes. Juizado de Instrução. Inocorrência. Incompatibilidade do Art. 75 DO CPP com a Constituição. Inexistência. Ordem denegada. I – As hipóteses de impedimento elencadas no art. 252 do Código de Processo Penal constituem um *numerus clausus*. II – Não é possível, pois, interpretar-se extensivamente os seus incisos I e II de modo a entender que o juiz que atua em fase pré-processual desempenha funções equivalentes ao de um delegado de polícia ou membro do Ministério Público. Precedentes. III – Não se adotou, no Brasil, o instituto acolhido por outros países do juizado de instrução, no qual o magistrado exerce, grosso modo, as competências da polícia judiciária. IV – O juiz, ao presidir o inquérito, apenas atua como um administrador, um supervisor, não exteriorizando qualquer juízo de valor sobre fatos ou questões de direito que o impeça de atuar com imparcialidade no curso da ação penal. V – O art. 75 do CPP, que adotou a regra da prevenção da ação penal do magistrado que tiver autorizado diligências antes da denúncia ou da queixa não viola nenhum dispositivo constitucional. VI – Ordem denegada."

O caso vertente tinha a seguinte conformação: o paciente estava sendo acusado pela prática dos delitos de peculato, lavagem ou ocultação de bens e formação de quadrilha. Por ter foro privilegiado, a ação foi distribuída diretamente no Tribunal de Justiça do Estado do Espírito Santo. Ocorre que, durante a investigação, oficiou no inquérito o mesmo Desembargador que recebeu a relatoria do caso (por óbvio, já que o art. 75 do CPP assim determina). Diante disso, era pleiteada a declaração de nulidade do acórdão proferido pela corte especial do STJ, que confirmou o recebimento da denúncia.

O STF, por unanimidade, denegou a ordem, afirmando que, num processo penal de modelo acusatório, o que está em jogo é a consagração de um processo desenvolvido sob o manto do contraditório e que, principalmente, estejam nitidamente separadas as funções de acusar e julgar. Dito de outro modo, o pedido da defesa conduzia ao entendimento de que, no caso em apreço, estaria acontecendo atos próprios de um verdadeiro "juizado de instrução", característicos de modelos processuais inquisitórios.

Contrariamente a este estado de coisas, esclareceu o Tribunal que, no sistema processual brasileiro, a figura do juiz não se apresenta como a de um inquisidor que sai à cata de provas para formar os indícios necessários para propositura da ação, mas "apenas atua como um administrador, um supervisor, um coordenador, no que concerne à montagem do conjunto probatório e às providências acautelatórias, agindo sempre por provocação, jamais de ofício". E, ainda, que "entre nós, a intervenção do judiciário ao longo do inquérito objetiva coibir eventuais excessos ou desvios por parte dos agentes policiais, bem como impedir ações ou omissões ilegais ou abusivas por parte de quaisquer outras autoridades envolvidas na investigação".

Por certo, andou bem o STF no julgamento do *writ*. Todavia, pensamos que seja possível adicionar uma contribuição para o esclarecimento do problema levantado: no sistema acusatório e em um Estado Democrático de Direito – que, aliás, são correlatos, uma vez que o sistema acusatório só tem guarida em um Estado Democrático de Direito –, *a principal garantia dos cidadãos está em que as decisões tomadas pelos órgãos judiciários devem ser fundamentadas*. Mas não basta dizer isso. Para que uma decisão esteja satisfatoriamente fundamentada, é preciso que o julgador consiga lançar seus argumentos em um todo de integridade e coerência que emana da própria comunidade política. Não basta, pois, qualquer fundamentação. Está-se a dizer, portanto, que integridade e coerência não se manifestam abstratamente, mas sim a partir dos vários níveis concretos da normatividade estatal (Constituição, legislação, jurisprudência, casos julgados etc.).

Desse modo, a participação do juiz no inquérito não pode ser tida como irregularidade – ou mesmo, no limite, como inconstitucional – porque, no momento em que julgar o caso, pouco importa os juízos subjetivos que sua figura individual projeta sobre ele. Com Gadamer, podemos afirmar, sem medo de errar, que quem quiser compreender um texto – e texto não no sentido de um agrupamento qualquer de palavras, mas como um *evento* e, nesse sentido, todo universo jurídico é ou se manifesta *como* texto – precisa estar disposto a suspender seus pré-juízos para colocá-los à prova. E nós temos vários aliados nessa empreitada! Talvez o mais valioso deles seja a distância temporal, que nos auxilia na tarefa de separar aquilo que constitui nossa pré--compreensão (autêntica) dos meros pré-juízos, pré-conceitos, das ideologias, etc. Portanto, não se trata de dizer que o juiz não poderá criar uma série de pré-conceitos quando entrar em contato com o inquérito (fator, aliás, que incidirá a todo momento, uma vez que é impossível encontrar uma espécie de Ponto de arquimediano de onde o juiz poderá ter certeza de sua imparcialidade). Na verdade, isso pouco importa porque, apesar de tudo isso, o Estado Democrático de Direito impõe ao julgador o dever de fundamentar sua decisão em elementos constituídos a partir daquilo que a comunidade política projeta como sendo direito. Esse é o ponto fundamental da questão e é por esse motivo que não há – em princípio – irregularidades ou inconstitucionalidades na participação do juiz no inquérito. Por óbvio, se na prática de algum destes atos o juiz restringir direitos sem a necessária fundamentação, correções efetuadas pelos Tribunais Superiores serão sempre cabíveis. Mas isso deve advir de uma situação concreta no interior da qual a arbitrariedade do juiz possa ser demonstrada também de acordo com aquilo que a comunidade política projeta como a melhor decisão. Algo que, definitivamente, não pode ser depreendido pelo simples fato da atuação do juiz no inquérito e na ação.

3.1.3. *A garantia da ampla defesa e a necessidade de defesa técnica efetuada por advogado nas causas de competência dos Juizados Especiais Federais*

Outra questão de relevância ímpar, na esteira do sistema acusatório, diz respeito às garantias do contraditório e da ampla defesa, que incluem, em seu bojo, a necessidade de que o acusado possa estar sempre assessorado por advogado tecnicamente habilitado para lidar com as questões de seu processo. Exemplo típico dessa questão *é a necessidade da presença do defensor no momento do interrogatório do acusado*. De há muito que defendíamos a tese da nulidade do interrogatório por ausência do defensor, em virtude de que – nos quadros do novo paradigma pelo sistema acusatório – era inadmissível que o interrogatório do acusado transcorresse apenas na presença do juiz "presidente" (*sic*) da instrução. De todo modo, a operacionalidade resistiu por mais de quinze anos a essa importante garantia constitucional, continuando a realizar – inconstitucionalmente, é claro – inúmeros interrogatórios sem que o acusado tivesse consigo um defensor constituído. Tal situação apenas passou a ser alterada a partir de 2003, com a edição da Lei 10.792, muito embora a Constituição já fizesse essa exigência desde 1988.

Em 2007, o STF pôs fim a outra celeuma, agora ligada à necessidade ou não de defesa constituída para o acompanhamento das causas criminais de competência dos Juizados Especiais Federais. Em Ação Direta de Inconstitucionalidade proposta pelo Conselho Federal da OAB (ADI 3.168/DF), foi impugnada a constitucionalidade do art. 10 da Lei 10.259/2001, que estabelece a dispensa de advogado constituído para que a parte ingresse em juízo, nas causas da alçada dos Juizados (o texto do artigo não faz qualquer referência às causas criminais que tramitam pelo rito do juizado no âmbito federal). Nos termos do pedido formulado pela OAB, tal artigo configura uma ofensa à garantia constitucional da ampla defesa, bem como contraria a Constituição quando esta determina ser o Advogado uma figura indispensável para a administração da justiça. No julgamento, o Tribunal, por maioria de votos, entendeu ser *constitucional* o dispositivo – no que tange às causas cíveis – mas, conferiu *Interpretação Conforme à Constituição*[58] para excluir da incidência de tal dispositivo

---

[58] Pensamos que, nesse caso, a técnica de controle mais adequada seria a da Declaração de Nulidade Parcial sem Redução de Texto (T*eilnichtgerklärung ohne Normtextreduzierung*) e não a da Interpretação Conforme à Constituição (*verfassungskonforme Auslegung*). Isso porque a decisão determinou a exclusão de uma das hipóteses de incidência do texto da lei, entendendo ser inconstitucional a aplicação do art. 10 da Lei 10.259/2001 *para o caso – e unicamente neste caso – de ações criminais da alçada dos juizados especiais federais*. Não houve, portanto, uma correção de significado que manteve a hipótese interpretativa como sendo *constitucional*. Isso tem implicações sé-

as ações criminais que ingressam na esfera de competência dos Juizados Federais. Eis uma síntese dos termos da ementa:

"Ampla defesa. Juizados Especiais Federais. Imprescindibilidade da presença de advogado nas causas criminais. É constitucional o art. 10 da Lei 10.259/2001, que faculta às partes a designação de representantes para a causa, advogados ou não, no âmbito dos juizados especiais federais. No que se refere aos processos de natureza cível, já se firmou o entendimento de que a imprescindibilidade de advogado é relativa, podendo, portanto, ser afastada pela lei em relação aos juizados especiais. Perante os juizados especiais federais, em processos de natureza cível, as partes podem comparecer pessoalmente em juízo ou designar representante, advogado ou não, desde que a causa não ultrapasse o valor de sessenta salários mínimos (Art. 3º Lei 10.259/2001) e sem prejuízo da aplicação subsidiária integral dos parágrafos do art. 9º da Lei 9.099/95. *Já quanto aos processos de natureza criminal, em homenagem ao princípio da ampla defesa, é imperativo que o réu compareça ao processo devidamente acompanhado de profissional habilitado a oferecer-lhe defesa técnica de qualidade, ou seja, de advogado devidamente inscrito nos quadros da OAB ou defensor público. Interpretação conforme, para excluir do âmbito de incidência do art. 10 da Lei 10.259/2001 os feitos de competência dos juizados especiais criminais da Justiça Federal.*"[59]

Por tudo isso, fica claro, então, que um processo penal democrático depende de uma ampla intersubjetividade. Para usar a linguagem hermenêutico-filosófica, o processo deve depender de um *a priori* compartilhado; é sempre acusatório, e não inquisitório. Depende do respeito ao contraditório,[60] tudo a partir de uma fundamentação/justificação detalhada – que pode ser denominada de *accountability* processual.

---

rias! (Cf. STRECK, Lenio Luiz. *Jurisdição Constitucional e Hermenêutica*. 2ª ed. Rio de Janeiro: Forense, 2004).

[59] Cf. ADI 3168-DF, *J* 3.8.2007.

[60] Também nesse sentido, com tratamento detalhado das questões envolvendo o contraditório: ROSA, Alexandre Morais da. O processo (penal) como procedimento em contraditório: diálogo com Elio Fazzalari. *Novos Estudos Jurídicos*, Florianópolis, v. 11, p. 219-233, 2006.

3.1.4. O princípio acusatório e as nulidades processuais: equívocos e incompreensões na interpretação oferecida pelos Tribunais para o art. 212 do CPP

Parece não haver dúvida de que um Juiz imparcial e um Promotor de Justiça independente *são os requisitos indispensáveis à implantação de um sistema processual-penal democrático*. E o corolário disso deveria ser a plena aplicação do princípio acusatório, sepultando-se, de uma vez por todas, o sistema inquisitorial que caracteriza o CPP, de 1941, ainda assentado no mito da verdade real. Despiciendo lembrar, a esta altura, uma vez mais, que o "sistema" inquisitório tem, no protagonismo judicial e na discricionariedade (sinônimo de livre convencimento), o seu ponto de sustentação. Com isso, a discussão relacionada ao art. 212 do CPP possui um elevado grau de transcendência.

Esse dispositivo tem um valor simbólico que transcende uma simples análise paramétrica "texto legal-sistema jurídico--Constituição". Afinal, a alteração produzida pelo legislador em 2008 em um dispositivo que atravessou décadas adquire uma dimensão de ruptura paradigmática.

Antes de tudo, é preciso compreender que o sistema acusatório constitui uma conquista do Estado Democrático de Direito. Tal sistema – fundado, na verdade, em um princípio (acusatório) – revoga (ou deveria revogar!) o velho sistema inquisitório, de triste memória histórica. Ora, ao juiz cabe julgar; ao promotor cabe deduzir a pretensão acusatória, investigar e produzir provas, detendo, para tanto, parcela da soberania estatal; ao advogado, cabe efetuar a defesa e garantir os direitos do réu e, ao legislador, cabe produzir legislação adequada ao sistema jurídico.

Pois bem. O legislador democrático produziu um novo texto (art. 212 do CPP), pelo qual houve uma profunda alteração na maneira de inquirir as testemunhas, como veremos na sequência.

Entretanto, o Superior Tribunal de Justiça, órgão que tem a função de unificar a interpretação da legislação infraconstitucional, negou a validade do novo dispositivo legal, sob o argumento de que deve ser mantida a tradicional forma de inquirição das testemunhas. O Tribunal de Justiça do Estado Federado Rio Grande do Sul vem negando a aplicação da nova legislação sob o pretexto de que o "juiz deve buscar a verdade real", e a nova lei poderia impedir essa faculdade (Processo TJRS nº 70041542440).[61]

Onde reside a perplexidade? Vejamos: o art. 212, alterado em 2008, passou a conter a determinação de que "as perguntas serão formuladas pelas partes, diretamente à testemunha, não admitindo o juiz aquelas que puderem induzir a resposta, não tiverem relação com a causa ou importarem na repetição de outra já respondida". No parágrafo único, fica claro que "sobre pontos não esclarecidos, é lícito ao magistrado complementar a inquirição".

Consequentemente, parece evidente que, respeitados os limites semânticos do que quer dizer cada expressão jurídica posta pelo legislador, houve uma alteração substancial no modo de produção da prova testemunhal. Repetindo: isso até nem decorre somente do "texto em si", mas de toda a história institucional que o envolve, marcada pela opção do constituinte pelo modelo acusatório. Por isso, é extremamente preocupante que setores da comunidade jurídica do Brasil (por todos, citemos Guilherme Nucci e Luis Flávio Gomes), por vezes tão arraigados aos textos legais, neste caso específico ignorem até mesmo a semanticidade mínima[62] que sustenta a alteração. Daí a nossa indagação: em nome de que e com base em que é possível ignorar ou "passar por cima" de uma inovação legislativa aprovada democraticamente? É possível fazer isso sem lançar mão da jurisdição constitucional?

Pois bem. Quando a discussão chegou ao STF, esperar-se-ia que a força normativa de um texto votado democraticamente (não inquinado de inconstitucional) fosse recolocada. Não foi isso que

---

[61] A resistência pode ser vista, cotidianamente, nos inúmeros pareceres exarados junto às Câmaras Criminais do TJRS (por todos, *vide* parecer na Apelação n. 70.046.234.836). Também ver STRECK, Lenio Luiz. Aplicar a letra da lei é uma atitude "positivista"? *Revista Novos Estudos Jurídicos*, vol. 15 n.1, pp. 158-173/jan-abr 2010.

[62] Por semanticidade mínima deve-se entender a dimensão elementar de significado que se apresenta em qualquer signo linguístico apontando, assim, para uma direção de sentido. Evidentemente, nos termos da chamada viragem hermenêutica, a dimensão semântica presente nas ontologias clássicas sede espaço para uma dimensão de historicidade, de composição de contextos narrativos, que não se deixam apreender em estruturas semânticas rígidas (os velhos conceitos vazios que são preenchidos, *a posteriori*, por coisas; vale dizer, conceitos pensados sem coisas). Aliás, essa dimensão dos contextos narrativos aponta, exatamente, para a impossibilidade de se pensar em conceitos sem coisas Todavia, não se pode ignorar que a linguagem possui uma espécie de núcleo duro de significação que nos permite compartilhar significados a atribuir sentido às coisas.

ocorreu. Com efeito, em um caso em que houve o flagrante descumprimento da ordem de oitiva das testemunhas, foi impetrado HC à Suprema Corte. Surpreendentemente, o acórdão foi assim ementado:

> *"Habeas Corpus*. Constitucional. Processual penal. Tráfico de drogas. Inversão na ordem de perguntas às testemunhas. Perguntas feitas primeiramente pela magistrada, que, somente depois, permitiu que as partes inquirissem as testemunhas. Nulidade relativa. Não argüição no momento oportuno. Prejuízo não demonstrado. Ordem denegada.
>
> 1. A magistrada que não observa o procedimento legal referente à oitiva das testemunhas durante a audiência de instrução e julgamento, fazendo suas perguntas em primeiro lugar para, somente depois, permitir que as partes inquiram as testemunhas, incorre em vício sujeito à sanção de nulidade relativa, que deve ser arguido oportunamente, ou seja, na fase das alegações finais, o que não ocorreu.
>
> 2. O princípio do *pas de nullité sans grief* exige, sempre que possível, a demonstração de prejuízo concreto pela parte que suscita o vício. Precedentes. Prejuízo não demonstrado pela defesa."[63]

No plano das garantias constitucionais, a questão que se coloca, de pronto, a partir dessa posição assumida pelo STF é: um dispositivo que trata da formação da prova (e de sua gestão) é ou não é um preceito que trata de direitos fundamentais? E, mesmo que não fosse, trata-se de uma lei votada democraticamente. A sua validade somente poderia ser questionada a partir do uso da jurisdição constitucional. Não foi, entretanto, o que aconteceu.

Examinando o (novo) art. 212 do CPP, chega-se à conclusão de que se está diante simplesmente do dever – inerente ao Estado Democrático de Direito – de cumprir a lei (constitucional), pois este, como se sabe, é um dos preços impostos pelo Direito e, sobretudo, pela democracia! *E, permitimo-nos insistir: por vezes, cumprir a "letra da lei" é um avanço considerável.* Lutamos tanto pela democracia e por leis mais democráticas...! Quando elas são aprovadas, segui-las à risca é nosso dever. Levemos o texto jurídico a sério, pois!

---

[63] HC 103525/PE.

E, por favor, que não se venha com a velha história de que "cumprir a letra 'fria' (*sic*) da lei" é assumir uma postura positivista...! Aliás, o que seria essa "letra fria da lei"? Haveria um sentido em-si-mesmo da lei? Na verdade, confundem-se conceitos. Como já explicitado tantas vezes,[64] as diversas formas de positivismo não podem ser colocadas no mesmo patamar e tampouco podemos confundir uma delas (ou as duas mais conhecidas) com a sua superação pelo e no interior do paradigma da linguagem.

O que sempre caracterizou o positivismo é o fato de que a postura metodológica por intermédio da qual se analisa o fenômeno jurídico é marcada pela restrição à análise das fontes sociais, a cisão/separação – epistemológica – entre Direito e Moral (o que faz com que alguns autores – p. ex., Robert Alexy – lancem mão da razão prática, *eivada de solipsismo,* para "corrigir" o direito) e a ausência de uma teoria da interpretação, que acarreta uma aposta na discricionariedade (ou seja, não se conseguiu superar a herança – ou maldição – kelseniana da *cisão entre ciência do Direito e Direito* ou entre observador e participante, no caso de Hart).

Em suma: o que não podemos fazer é cumprir a lei só quando nos interessa. Deve haver um cuidado com o manejo da Teoria do Direito e da hermenêutica jurídica. Olhando para as decisões do Superior Tribunal de Justiça e do STF antes referi-

---

[64] Permitam-nos explicar isso melhor: de há muito nossas críticas têm tido como alvo o positivismo pós-exegético, isto é aquele positivismo que superou o positivismo das três vertentes (exegese francesa, pandectística alemã e jurisprudência analítica da *common law).* Ou seja, o positivismo é uma postura *científica* que se solidifica de maneira decisiva no século XIX. O "positivo" a que se refere o termo *positivismo* é entendido aqui como sendo *fatos* (lembremos que o neopositivismo lógico também teve a denominação de "empirismo lógico"). Evidentemente, *fatos,* aqui, correspondem a uma determinada interpretação da realidade que engloba apenas aquilo que se pode contar, medir ou pesar ou, no limite, algo que se possa definir por meio de um experimento. Por isso, sempre consideramos muito simplista reduzir a crítica do Direito a uma simples superação do deducionismo (subsuntivismo) legalista (e os nomes que a isso se dê). Portanto, nossas baterias têm sido apontadas contra a principal característica do positivismo pós-exegético, qual seja, *a discricionariedade.* Curiosamente, juristas das mais variadas facções diziam (e isso ainda acontece): se vocês são contra a discricionariedade dos juízes, então defendem o legalismo, o exegetismo, o juiz "boca da lei". Ora, convenhamos, essa "entrega" (ou seria "delegação"?) do poder aos juízes (e, portanto, em favor da discricionariedade interpretativa) não é nem um pouco nova, eis que já estava presente no velho Movimento do Direito Livre, na jurisprudência dos interesses e se aprimorou na jurisprudência dos valores (sem considerar os movimentos realistas no interior da *common law).* Portanto, as críticas no âmbito desta obra se dirigem aos dois principais tipos de positivismo: o exegético e pós-exegético. Este último, sem dúvida, é o mais perigoso. Nesse sentido, ver *Verdade e Consenso,* em especial a introdução à 4ª edição.

das, é de se pensar em que momento o direito legislado deve ser obedecido e quais as razões pelas quais fica tão fácil afastar até mesmo – quando interessa – a assim denominada "literalidade da lei", mormente quando isso é feito com base em métodos de interpretação elaborados por Savigny ainda no século XIX e para o Direito Privado.

Mas, o que se quer mencionar quando se afirma a "literalidade da lei"?[65] Ora, desde o início do século XX, a filosofia da linguagem e o neopositivismo lógico do círculo de Viena (que está na origem de teóricos do Direito como Hans Kelsen) já haviam apontado para o problema da polissemia das palavras. Isso nos leva a uma outra questão: a literalidade é algo que está à disposição do intérprete? Se as palavras são polissêmicas; se não há a possibilidade de cobrir completamente o sentido das afirmações contidas em um texto, quando é que se pode dizer que estamos diante de uma interpretação literal? A literalidade, portanto, é muito mais uma questão da compreensão e da inserção do intérprete no mundo, do que uma característica, por assim dizer, natural dos textos jurídicos. Numa palavra final, não podemos admitir que, ainda nessa quadra da história, sejamos levados por argumentos que afastam o conteúdo de uma lei – democraticamente legitimada – com base numa suposta "superação" da literalidade do texto legal. Insisto: literalidade e ambiguidade são conceitos intercambiáveis que não são esclarecidos numa dimensão simplesmente abstrata de análise dos signos que compõem um enunciado. Tais questões sempre remetem a um plano de profundidade que carrega consigo o contexto no qual a enunciação tem sua origem. Esse é o problema hermenêutico que devemos enfrentar! Problema esse que, argumentos despistadores como esse só fazem esconder e, o que é mais grave, com riscos de macular o pacto democrático.

Portanto, a não aplicação do art. 212 do CPP é uma violação das garantias constitucionais. Equivocada, por outro lado, a invocação do *vetusto pás de nullité sans grief*. A nulidade não é algo que esteja à disposição do juiz ou do Tribunal, mas, antes, para ser excluída ou decretada pelo julgador precisa ser justificada no contexto da cadeia narrativa que compõe a história institucional do direito. Aliás, como decisão que é, a exclusão ou

---

[65] Cf. STRECK, Lenio Luiz. *O Que é Isto* – Decido Conforme Minha Consciência? 6ª ed. São Paulo: Livraria do Advogado, 2017.

decretação da nulidade só tem lugar quando houver um princípio que a sustente.

De se consignar que nem todo o STJ comunga da tese da "não validação da nova redação do art. 212". Com efeito, acertadamente, a 5ª Turma já reconheceu a nulidade de audiência de instrução em que, na ausência do membro ministerial, toda a prova testemunhal foi produzida pelo juiz que presidia a instrução (em frontal descumprimento, portanto, ao que determina o art. 212 do CPP).

Eis a ementa do Recurso Especial (REsp), em que teve lugar o reconhecimento da nulidade:

> "Recurso Especial. Processual Penal. Nova Redação do artigo 212 do código de Processo Penal, trazida pela Lei nº 11.690/08. Alteração na forma de inquirição das testemunhas. Perguntas formuladas diretamente pelas partes. Pontos não esclarecidas. Complementariedade da inquirição pelo juiz. Inversão da ordem. Nulidade relativa. Necessidade de manifestação no momento oportuno e demonstração de efetivo prejuízo. Peculiaridade do caso concreto. Sentença condenatória lastreada exclusivamente na prova oral colhida pelo juiz na audiência de instrução diante do não comparecimento do membro do Ministério Público. Ausência de separação entre o papel incumbido ao órgão acusador e ao julgador. Violação do Sistema Penal Acusatório. Nulidade insanável. Recurso Desprovido."[66]

Todavia, embora o Tribunal tenha acertado ao manter a decisão que reconheceu a nulidade da audiência de instrução desconstituindo todos os atos processuais praticados posteriormente, os motivos que determinaram essa decisão merecem ser ajustados. Trocando em miúdos: o Tribunal decidiu certo, só que pelos motivos errados.

Com efeito, no caso a nulidade foi reconhecida não em face do descumprimento do que dispõe o art. 212, mas, sim, porque, em virtude do não comparecimento do promotor de justiça no momento da inquirição da testemunha, a oitiva foi conduzida pelo magistrado. Vale dizer, o Acórdão confirmou a decisão que decretou a nulidade da audiência porque a iniciativa do magistra-

---

[66] REsp. n. 1259482/RS.

do violou o princípio acusatório, não porque descumpriu o art. 212 do CPP.[67]

A despeito disso, o referido Acórdão afirma que a nulidade resultante do descumprimento do art. 212 é simplesmente relativa, nos termos do que prescreve o art. 563 do CPP.

"Não se pode olvidar que, no moderno sistema processual penal, não se admite o reconhecimento de nulidade sem a demonstração do efetivo prejuízo à defesa, vigorando a máxima *pas de nullité sans grief*, a teor do que dispõe o artigo 563 do Código de Processo Penal."[68]

Todavia, como já afirmamos, o descumprimento de tal regra de procedimento não se consubstancia em nulidade relativa. Pergunta-se: em que termos é possível dizer que não houve prejuízo? O art. 563 afirma que não será declarado nulo ato que, de sua nulidade, não decorra prejuízo à acusação ou à defesa. Ora, no caso em tela pode não ter havido prejuízo à defesa, mas, certamente, houve para a acusação. No interior do princípio acusatório, além de ser o titular da ação penal, o Ministério Público possui total autonomia para conduzir o processo. Essa autonomia não é simples faculdade do órgão ministerial, mas algo que a Constituição confere no horizonte de um interesse social: de que as acusações formuladas pelo Ministério Público estejam devidamente constituídas tanto no que tange ao seu ajuste diante do contexto da história institucional e do Direito da comunidade política, quanto do seu correto embasamento no que tange ao contexto probatório que, no mais das vezes, se produz no ambiente da audiência de instrução. Disso decorre o relevante fato de que, quem deve conduzir a instrução na perspectiva da acusação seja exatamente o membro ministerial que possui as melhores condições para construir os argumentos e confrontá-lo com o Direito.

Assim, parece ficar claro que uma audiência de instrução realizada na ausência do membro ministerial acarreta efetivo pre-

---

[67] De todo modo, por vias transversas é possível retirar um elemento importante desta decisão. Elemento este que tem ficado fora da reflexão efetuada pela doutrina brasileira, mormente nesses tempos de princípio acusatório: trata-se do fato de o STJ ter alçado o problema da ausência do ministério público ao nível da ausência da defesa, o que lança luzes, ainda tênues, no debate sobre o futuro do sistema acusatório e das responsabilidades assumidas pelas partes na produção da prova. Aliás, seria de se perguntar: pode ser realizada uma audiência de instrução – no contexto normativo que se projeta a partir do princípio acusatório – na qual o membro do Ministério Público não esteja presente?...

[68] REsp. n. 1259482/RS.

juízo para a acusação. Não a acusação subjetivamente considerada na pessoa do promotor que faltou à audiência; mas à acusação que incorpora o interesse social na persecução penal.

No mais, há que se considerar que esse tipo de regra procedimental, pelo caráter específico, de natureza mista (comportando uma dimensão tanto negativa quanto positiva), representa uma nulidade que deve ser tida como absoluta, e não relativa.

3.2. A presunção de inocência e as prisões cautelares: da construção jurisprudencial à previsão legislativa – a possibilidade de a gravidade do crime constituir critério determinante da decretação da prisão preventiva

Nos últimos anos, o tema da presunção de inocência tem ganhado destaque nos julgamentos do STF. No Plenário, firmou-se o posicionamento de que *é inconstitucional a chamada execução antecipada da pena*, tendo sido apontada uma possível inconstitucionalidade (não recepção) do art. 637 do CPP, que vedava a atribuição de efeitos suspensivos aos recursos extraordinários interpostos em matéria criminal. Nesse caso, o Relator, Min. Eros Grau, entendeu estar configurada verdadeira execução antecipada da pena, muito embora o acusado já houvesse passado por duas condenações sucessivas (no juízo singular e no órgão colegiado na segunda instância).[69] No mesmo sentido, e também sob o fundamento da garantia do amplo acesso à Justiça, o Plenário do STF, por ocasião do julgamento do HC 85.961, decidiu pela não recepção do art. 595 do CPP (que prescrevia a deserção da apelação, em caso de fuga do apelante).

E mais, em recente decisão proferida, liminarmente, no HC 100.872, o Relator – Min. Eros Grau –, mudando o entendimento sedimentado naquela Corte, afirmou a inconstitucionalidade do art. 44 da Lei nº 11.343/06, que veda(va) a concessão de liberdade provisória nos crimes de tráfico de substância entorpecente. Isso porque, no entendimento do Ministro, a vedação imposta pelo dispositivo representava uma inquestionável afronta aos princípios constitucionais da presunção de inocência, do devido

---

[69] Cf. HC 84.078, DJ. em 5/2/2009

processo legal e da dignidade da pessoa humana.[70] Registre-se, ainda, que, mesmo nesse caso, o STF não autoriza que a segregação cautelar se dê por tempo indeterminado, assim como também não dispensa e tampouco mitiga a necessidade de fundamentar a prisão preventiva (art. 93, IX, CF).

Já no tocante à legislação propriamente dita, em maio de 2011 foi promulgada a Lei n. 12.403 que alterou significativamente a regulação das medidas cautelares e, consequentemente, das possibilidades de decretação da prisão (preventiva e temporária). Esse dispositivo entra, mais uma vez, na seara das reformas parciais da legislação processual penal e acaba por agregar mais complexidade a uma velha discussão, na medida em que procura agregar novos mecanismos há uma estrutura já extenuada pelos efeitos do tempo. Dito de outro modo, essa reforma implementou uma série de novos critérios que, ao serem confrontados com a estrutura preponderante do CPP, acabam por trazer uma série de inconvenientes no momento de sua efetiva aplicação.

O maior deles é, sem sombra de dúvidas, a conjugação desses elementos com a cultura inquisitivista que, sem embargo das inúmeras reformas a que foi submetido, continua a predominar no ambiente de nosso Código (indo, portanto, em rota de colisão

---

[70] Sobre essa discussão foi reconhecida repercussão geral no RE 601.384 RG/RS (Rel. Min. Marco Aurélio, Tribunal Pleno, Supremo Tribunal Federal, j. em 10/09/2009). Registre-se, ainda, por relevante, que nenhuma dessas possíveis inconstitucionalidades apontadas no texto foram discutidas em sede de controle concentrado de constitucionalidade. Todas as decisões foram provocadas pela via do *habeas corpus*, situando-se, portanto, na seara do controle difuso de constitucionalidade. Também não há notícia de que tais matérias tiveram sua suspensão determinada pelo Senado Federal tal qual estipula o inciso X do art. 52 da CF. Portanto, o entendimento retratado acima é útil para mapear o modo como a Corte vem decidindo as questões em matéria de prisões cautelares e, no limite, apontar os erros e os acertos de cada um desses entendimentos na medida da integridade do Direito e da Moral da nossa comunidade política, mas não podem, de maneira nenhuma, ser encarado como vinculante. Por certo que há posicionamentos no interior do Tribunal que pretendem atribuir – a pretexto de uma "mutação constitucional" – os efeitos das decisões do controle concentrado para as decisões tomadas em sede de controle difuso (nesse sentido Cf. Rcl. 4335/AC). Todavia, não perfilamos o entendimento encaminhado nessa tese, em virtude dos graves riscos democráticos a ela subjacentes. Para tanto, ver: STRECK, Lenio Luiz; CATTONI, Marcelo; LIMA, Martonio Mont'Alverne Barreto. A nova perspectiva do Supremo Tribunal Federal sobre o controle difuso: mutação constitucional e limites da legitimidade da jurisdição constitucional. In: *Instituto de Hermenêutica Jurídica*. Disponível em <http://www.ihj.org.br/poa/> Acesso em 23 de abril de 2009. Ainda sobre o assunto, ver também: NERY JÚNIOR, Nelson. Anotações sobre mutação constitucional – Alteração da Constituição sem modificação do texto, decisionismo e Verfassungsstaat. In: SARLET, Ingo Wolfgang; LEITE, George Salomão (Orgs.). *Direitos Fundamentais e Estado Constitucional*. São Paulo: Revista dos Tribunais, 2009.

com a previsão constitucional do *princípio acusatório*, como já tivemos oportunidade de analisar em tópico específico linhas acima). No caso, estamos a falar da *dependência de um excessivo casuísmo* para aplicação das regras contidas nos dispositivos que regulamentam a aplicação das medidas cautelares (em especial, o art. 282).

Tratando da questão na especificidade: o inciso II do art. 282 determina que, na aplicação das medidas cautelares, deverão ser observados os critérios de *adequação da gravidade do crime, circunstâncias do fato e condições pessoais do indiciado ou acusado*. Essa questão assume importância na medida em que o problema da gravidade do crime e sua articulação como argumento hábil a ensejar a decretação da prisão cautelar é matéria controvertida e recorrentemente suscitada na jurisprudência do STF.

No caso do dispositivo citado, temos, pelo menos, duas consequências geradas pela sua implementação: de um lado, parece-nos que a partir de sua edição não faz mais sentido debater sobre a possibilidade ou não de a gravidade do crime servir de critério para determinação da prisão cautelar. A opção legislativa plasmada no art. 282 aponta para a direção, já sinalizada pela jurisprudência do STF, de que tal argumento não apenas pode ser esgrimido no momento do decreto prisional como, a partir de agora, deve – obrigatoriamente – ser levado em conta pelo julgador no momento em que aplica uma medida cautelar.

De outra banda, traz à tona o problema do casuísmo decisório na medida em que, mesmo com sua previsão legislativa expressa, persiste o problema de sua determinação conceitual. Vale dizer, o que é isto, "a gravidade do crime"? Em que circunstâncias e de que modo ela pode-deve ser articulada na decisão?[71] E, por fim, quais são as condições necessárias para aferirmos o caráter objetivo da decisão que a aplica? Vale dizer, de que modo a apresentação de tal argumento reflete uma condição – até certo ponto – objetiva dos fatos apresentados a julgamento e, até que ponto, ela apenas reflete uma opção pessoal, subjetiva-solipsista, do julgador.

---

[71] Afastemos, desde já, argumentos do estilo "a gravidade do crime não prende" ou "crime grave não é motivo para prisão preventiva". A gravidade do crime somente deve ser afastada quando desacompanhada de outros elementos, tudo conforme a legislação processual e a própria jurisprudência do STF. Gravidade do crime – ressalvando as dificuldades semânticas desse enunciado – não "prende por si só"; isso, sim, é verdadeiro, na esteira de pesada jurisprudência da Suprema Corte.

Responder a essas questões é a tarefa que se apresenta à doutrina no contexto legislativo e jurisprudência que se apresenta. É a partir do seu enfrentamento que poderemos efetuar uma melhor apuração conceitual da questão da gravidade do crime. Esse enfrentamento não abre mão de uma reconstrução jurisprudencial do modo como o STF que – como guardião da Constituição – decide em definitivo as querelas jurídicas que colocam as garantias do acusado na linha de frente da discussão. Ao contrário, no modo como a questão está posta na legislação, somente uma reconstrução desse discurso jurisprudencial é que pode nos fornecer elementos seguros para aferir se uma determinada decisão está legitimada pela cadeia de demais decisões que compõem a integridade do Direito de nossa comunidade política.

Todavia, antes de procedermos a essa análise da jurisprudência, faz-se necessário tecer alguns comentários ainda no tocante à previsão do art. 282, inciso II.

Em primeiro lugar, é preciso registrar que produzir uma investigação para determinar o conteúdo *in abstracto* do significado de *gravidade do crime,* não auxiliará em nada para resolver as questões apresentadas. Afinal, não há "conceitos sem coisas". Não há "gravidade" sem a efetiva "gravidade factual". Como afirmamos acima: o problema está no excessivo casuísmo que decorre do modo como a questão foi posta no nível legislativo.

Portanto, a investigação só produzirá resultados úteis na medida em que reflita sobre as condições de aplicação do argumento. Tentar definir abstratamente o significado do conceito "gravidade do crime" representa uma forma de driblar o ponto nevrálgico da questão: a interpretação concreta realizada pelo órgão judicante no momento de cumprir as determinações previstas no dispositivo mencionado. Aliás, esse é um problema recorrente na dogmática jurídica: a tentativa de construir conceituações que abranjam, de antemão, todas as futuras hipóteses de aplicação. As palavras não refletem a essência das coisas. Portanto, antes das respostas, sempre é necessário fazer as perguntas adequadas. E isso somente se dá a partir da concretude. E, dessa concretude, exsurgirá um princípio, este, sim, aplicável a casos futuros.

Desse modo, vejamos como o STF vem interpretando a questão. Em nossa análise abordaremos a questão tendo em conta sua relação com a garantia da presunção de inocência e, como seu corolário, a proibição de aplicação antecipada da pena.

3.2.1. Presunção de inocência I: a possibilidade de decretação da prisão preventiva sob o fundamento da gravidade do crime

Em decisão exarada em 2009, julgando liminar em HC impetrado em favor de um estudante de Direito que, junto com o advogado para o qual estagiava, havia sido condenado pela incidência no crime de corrupção ativa (art. 333 do CP), o Min. Eros Grau concedeu o Direito de o réu responder em liberdade até o julgamento definitivo do recurso. Dessa decisão extrai-se o seguinte trecho:

"O Supremo Tribunal Federal vem *reiteradamente repudiando a gravidade do crime como fundamento da prisão preventiva*. A manutenção da prisão do paciente nessas circunstâncias consubstancia nítida antecipação do cumprimento da pena, vedada pela jurisprudência desta Corte (cf. HC n. 84.078)."[72] (Grifamos)

Frise-se que o HC foi proposto em face da denegação do pedido liminar pelo STJ.[73]

Em outro caso, cujo acusado havia sido pronunciado pela prática de três homicídios (art. 121, § 2º, inc. III, CP) cumulados com ocultação de cadáver (art. 211, CP), a 2ª Turma do mesmo Supremo Tribunal Federal (Rel. Min. Eros Grau) entendeu, por unanimidade, que, em face da periculosidade do agente e da gravidade do crime, a prisão preventiva deveria ser mantida. De se consignar que, segundo a interpretação do caso realizada pelo STF, a demonstração da periculosidade do réu, a partir da descrição do *modus operandi* da prática do crime, não constitui mera suposição abstrata da gravidade delitiva.

É da decisão a seguinte afirmação:

"A Jurisprudência desta Corte fixou-se no sentido de que *o fundamento da ordem pública é inidôneo quando alicerçado na gravidade do crime* (Cf. entre muitos o HC 85.298 Rel. Min. Marco Aurélio, DJ 4.11.2005 e o HC 85.020 Rel. Min. Sepúlveda Pertence, DJ 25.02.2005). (...) O decreto prisional, expõe no entanto, além da gravidade do crime a periculosidade do réu. Periculosidade revelada pelo *modus*

---

[72] HC 100.572/SP, J. 08.09.2009.

[73] Sobre essa questão, ver tópico 3.1.1, infra.

operandi na prática dos crimes. Ao contrário do sustentado na impetração, essa periculosidade não resulta de mera presunção judicial, mas de afirmação concreta respaldada nos fatos."[74] (Grifamos)

Ainda a 2ª Turma, enfrentando mais um HC impetrado em face do entendimento de que a gravidade do crime não é fundamento para decretação da prisão preventiva, asseverou:

> "A natureza da infração penal *não constitui, só por si, fundamento justificador da decretação da prisão* daquele que sofre a persecução criminal instaurada pelo Estado. Precedentes. (...) Impende assinalar que *a gravidade em abstrato do crime não basta para justificar* a privação cautelar da liberdade individual do paciente."[75] (Grifamos)

Nesse caso, o *writ* havia sido impetrado em favor de um dos acusados de envolvimento nos crimes de formação de quadrilha e desvio de dinheiro público do Fundo Estadual de Saúde do Estado do Rio de Janeiro, resultante da investigação denominada "Pecado Capital". A prisão havia sido decretada porque, segundo informado pelo juízo de origem, além da gravidade do crime, os acusados poderiam perseguir e assediar testemunhas determinantes para o deslinde do processo. O Relator foi o Min. Celso de Mello e a concessão da liberdade foi deferida por unanimidade, nos termos do voto do Relator.

Em outro caso, oriundo da 1ª Turma do STF, foi julgado HC impetrado em favor de paciente acusado da prática de duplo homicídio qualificado, cumulado com lesão corporal grave. Também neste caso, já havia o pronunciamento do réu e o pedido era a revogação do decreto prisional para que o paciente pudesse aguardar o julgamento em liberdade. Do voto do Relator, extrai-se o a seguinte afirmação:

> "A decisão embasou a necessidade da constrição cautelar no contexto empírico da causa. Contexto esse, como visto, revelador da gravidade concreta – periculosidade – protagonizada pelo paciente, de violência incomum."[76]

---

[74] Cf. HC 99.929/SP, *J.* 29.09.2009.
[75] HC 95.896, *J.* 27.10.2009.
[76] HC 97.688. *DJ.* 27.10.2009.

Aqui, é necessária uma reflexão acerca da tormentosa questão "ordem pública". No julgamento do HC 97.688/09, o Relator, Min. Carlos Ayres Britto, buscou um "conceito seguro de ordem pública" a partir da Constituição Federal. Para ele, o ancoradouro desta segurança conceitual encontra-se no art. 144 da CF, que cuida da segurança pública. Nos termos desse dispositivo constitucional, a segurança pública é dever do Estado e Direito de todos e é exercida para preservação da ordem pública, da incolumidade das pessoas e de seu patrimônio. A partir disso, entende o Ministro que ordem pública "é um bem jurídico distinto da incolumidade das pessoas e do patrimônio".

Discordando dessa posição, entendemos que a questão a ser respondida não é qual o conceito (espaço semântico) de ordem pública, mas, sim, se a garantia da ordem pública pode ser considerada uma medida apta para, em um Estado Democrático de Direito, ensejar o aprisionamento provisório dos acusados. E, mais do que isso, se a conclusão for pela possibilidade da decretação da prisão cautelar, é preciso que essa decisão apresente argumentos suficientes para ser enquadrada no contexto da integridade e da história institucional do Direito.

Em suma, não basta dizer que "os fatos comprovam a periculosidade do paciente" ou então que a "gravidade do crime não é apurada abstratamente, mas determinada a partir da concretude dos fatos" para que essa exigência seja satisfeita. Como demonstraremos na sequência, no fundo, o que está em jogo em decisões como essa é que a "gravidade do crime" e a "periculosidade do paciente" são determinadas pelo fato de serem condutas onde há uma violência real, ao passo que, naquelas em que a violência não aparece na superfície, mas que estampam um alto grau de violência no subterrâneo – como nos casos da corrupção ativa ou na formação de quadrilha e desvio de dinheiro público – esses fatores são excluídos de plano. Essa diferenciação se apresenta como problemática.

De todo modo, as decisões mostram que houve/há uma espécie de "ambiguidade linear" na jurisprudência do STF no que tange especificamente à (im)possibilidade de a gravidade do crime determinar a decretação da prisão preventiva. Há uma evidente ambiguidade pelo fato de que, em diversas decisões, todas elas prolatadas num espaço temporal menor do que dois meses (setembro e outubro de 2009), *a Corte oscilou entre firmar um entendimento de que a gravidade do delito não tem o condão de autorizar a prisão cautelar e que, ao mesmo tempo, o tem, em alguns casos específicos*. Ao que se constata, o Tribunal assume certo pragmati(ci)smo, deixando de lado a construção principiológica necessária para a decisão que preserve a coerência e a integridade do sistema.

Por outro lado, há também certa linearidade na afirmação implícita de que em crimes cometidos sem o emprego de violência (ao menos sem violência física evidente, mas que, no limite, também geram um tipo de violência social, como no caso dos crimes de corrupção ativa ou passiva e de desvio de dinheiro público, a partir de fraudes no sistema de saúde), a gravidade do crime deve ser excluída como argumento válido para decretar a prisão. De outra banda, *em crimes cometidos com o emprego de violência física, serve (ainda) a gravidade do crime como um argumento determinante para a decretação da prisão*. Nesse sentido, o STF ainda não conseguiu firmar uma posição acerca dessa distinção entre os "tipos de violência". Parece haver, por vezes, uma equiparação entre *violência e gravidade em concreto* do delito – autorizadora do decreto prisional – e *não violência* e *gravidade em abstrato* do delito – que não enseja a prisão cautelar. É possível dizer, assim, que o Supremo Tribunal criou uma diferenciação dentro do *topos* "gravidade do crime": de um lado, temos a gravidade em concreto; de outro, a gravidade em abstrato.

De todo modo, o que fica cada vez mais evidente é que o *establishment* judicial assume, neste particular, uma cesura no sistema de aplicação processual-penal: esse tipo de entendimento sobre a gravidade em abstrato e a gravidade em concreto, levado ao seu paroxismo, tem-se que a prisão cautelar somente pode ser aplicada nos casos de crimes que envolvam violência física. Consequentemente, na medida em a gravidade do crime perde consistência fundacional no plano da possibilidade de decretação de prisão antes da sentença condenatória, tem-se que o recolhimento cautelar é absolutamente excepcional.

De toda sorte, essa é uma contradição secundária. A grande questão, aqui, é saber se essas decisões se baseiam em um *argumento de princípio* ou são casuísticas. Como já referido no início, o Direito do Estado Democrático de Direito e deste novo paradigma constitucional – o Constitucionalismo Contemporâneo – reveste-se de um elevado grau de autonomia. Esse fator é devido, basicamente, *à descoberta dos princípios (constitucionais) como introdução do mundo prático no Direito*. Isso é assim porque, a partir do segundo pós-guerra, ocorre uma revolução no plano do Direito a partir de uma difusão generalizada – em países da Europa continental, que posteriormente se expandirá também para a América Latina – da concepção de Constituição normativa e dirigente que passa a albergar, no seu texto, direitos fundamentais que garantem o selo democrático ao Estado de Direito. Trata-se de uma blindagem contra regimes de exceção que, mantendo aparentemente a estrutura formal-burocrática do Estado de Direito, impuseram um regime de terror perante sua própria população.

Isso, de certa forma, é bem compreendido. Todavia, o significado maior desse movimento parece não ser percebido. Com efeito, com o Constitucionalismo Contemporâneo, há uma introdução – na pauta dos assuntos jurídicos – de uma série de reivindicações e concepções que, tradicionalmente, ficavam fora da discussão jurídica *stricto senso*. Por exemplo, a dignidade da pessoa humana – até então uma questão reservada ao campo da filosofia moral – passou a compor a estrutura jurídica, sendo alçada à condição de fundamento do Estado, mais especificamente nos casos de Brasil e Alemanha. Reivindicações sociais, antes relegadas ao campo da política, passaram a integrar a ordem constitucional, a partir da consagração de direitos econômicos e sociais, acarretando ao menos uma dupla consequência: de um lado, um qualitativo ganho democrático que se deu/dá pela ampliação do acesso à justiça; por outro, temos que conviver com um subproduto desse processo que é aquilo que vem sendo chamado de *judicialização da política*.

De todo modo, o mais importante é que, quando o Judiciário age no sentido indicado pela Constituição, não há que se falar em decisões de política, de moral, economia etc. A Constituição é a garantia de que, no caso concreto, estamos discutindo o significado dos Direitos em debate, e não fazendo política a partir do Judiciário.

É algo que podemos chamar, com Dworkin, como *argumentos de princípios*. No caso dworkiniano, esses argumentos de princípios – definidores da autonomia do Direito – são trabalhados a partir daquilo que ele denomina "leitura moral da

Constituição Norte-Americana". No Brasil, temos uma espécie de privilégio porque nossa Constituição incorporou essa tradição, de modo que esta leitura moral não precisa ser feita desde fora, mas sim por dentro, projetada pelo próprio texto constitucional.[77]

Por isso, das decisões do STF pode ser retirado o seguinte princípio: "a gravidade do crime não é, por si só, suficiente para a decretação da prisão cautelar". A isso tudo se agregue que qualquer julgamento que trate do exame/aplicação do princípio da presunção da inocência deve tratar *igualitariamente* a todos os participantes da comunidade política.[78] Casos concretos que tratam da prisão (sua necessidade ou não) não são hipóteses de análise "por equidade", mas, sim, por equanimidade (*fairness*).

Para nós, importa então saber se (a exclusão d)a gravidade do crime é um argumento de princípio ou se o princípio pode ceder a argumentos de política,[79] moral ou "clamor público" etc. Também é necessário discutir se "crime grave" é somente aquele que envolver violência física. A resposta será dada a partir do caminho que se percorre para chegar até tal argumento. Na verdade, gravidade do crime, periculosidade do agente etc. podem ser considerados meros *topos* performáticos, meramente persuasivos, que escamoteiam o manejo correto da prisão cautelar, quando apresentados fora do contexto motivacional que lhes deram origem. Nesse caso, essas expressões se transformam em "fantasmas semânticos" sequestradores do mundo prático. Ou seja, aquilo que se diz não "cabe" no enunciado.

Sempre há algo que escapa, que fica de fora daquilo que foi dito (no *não dito*). A tarefa do hermeneuta, então, será trazer à

---

[77] Ressalte-se que não estamos dizendo, com isso, que seja desnecessário no caso de a Constituição brasileira efetuar aquilo que Dworkin chama de "leitura moral". Na verdade, estamos apenas apontando para o fato de que nossa realidade constitucional incorporou textualmente uma série de questões que em outras realidades, como a norte-americana, permanecem discutidas no âmbito jurisdicional, não encontrando guarida explícita no texto da Constituição.

[78] Cf. DWORKIN, Ronald. *Levando os direitos a sério*. São Paulo: Martins Fontes, 2002.

[79] Um exemplo de *argumento de política*, nestes casos, é aquele que justifica a necessidade do decreto prisional na gravidade delitiva e no *aumento da criminalidade*. Ora, o problema da criminalidade e da violência passa pelo enfrentamento de políticas de bem-estar e de gestão da segurança pública. Em ambos os casos, estamos fora do âmbito de atuação do Poder Judiciário. Portanto, não há juridicidade em um argumento como esse, apto a autorizar a decretação de uma prisão cautelar.

tona esse não dito, ou seja, aquilo que sustenta o próprio enunciado. É inútil qualquer esforço para tentar retirar das palavras ou dos textos uma essência que lhes qualifique o sentido. O sentido não vem das palavras, nem está *nas* palavras, mas são as palavras que se articulam a partir do sentido.

Portanto, quando analisamos uma questão jurídica – como é o caso do problema da prisão preventiva e da gravidade do crime – é preciso perder essa ingenuidade que parece permear o pensamento jurídico. O enunciado: *"a prisão preventiva não pode ser determinada tendo com (único) fundamento a gravidade do crime"* não pode ser encarado como um argumento válido por si só, vale dizer, pela "essência" (*sic*) que brota das palavras. Ele vale, sim, apenas quando recebe *um contexto de ação* que possibilite sua determinação de sentido. Ou seja, o padrão interpretativo a ser extraído dos julgamentos do STF pode ser visto (elaborado), em complemento ao que foi dito anteriormente, do seguinte modo: *a gravidade do crime constitui fundamento de prisão cautelar somente se acompanhada de outros requisitos legais e fáticos.*

Há uma frase de Gadamer que é preciosa para compreendermos esse problema: *"nenhum enunciado possui apenas um sentido unívoco, mas sim um sentido motivado"*.[80] Portanto, o ponto nodal da questão é: encontrar um caminho para explicitação desse sentido motivado – que, repita-se, emerge de um contexto de ação, de um universo de significância. Para Gadamer, no âmbito de sua filosofia, esse sentido motivado aparece no momento em que se desvela a pergunta que lhe é subjacente; para nós – no contexto da nova crítica do Direito e, em alguma medida, também no da teoria integrativa dworkiniana – esse sentido motivado aparece, ou é desvelado, nos argumentos de princípio.

Diante disso, é preciso reconhecer que o *topos* da gravidade do crime não representa um mal em si – como se todas as gravidades do crime fossem atentatórias à garantia da presunção de inocência do acusado –, mas o "mal" pode aparecer no modo em que o *topos* é utilizado, vale dizer em seu contexto de uso. Por exemplo, ninguém poderia objetar que corrupção ativa ou passiva, peculato, roubo, homicídio etc. são crimes graves. Aliás,

---

[80] Cf. GADAMER, Hans-Georg. *Verdade e Método II*. 2. ed. Petrópolis: Vozes, 2004, p. 210.

deveríamos perguntar, nesse sentido, se, em sendo o Direito Penal *ultima ratio*, poderíamos afirmar a existência de um crime não grave? O que seria, então, um crime "leve"? Ou seja, na avaliação legislativa que estipula o crime, já há um juízo de política criminal que considera aquela conduta, em abstrato, como grave.

Ocorre que, na apreciação judicial do caso, não é esse juízo que está em jogo – porque ele, o legislador, já efetuou, criminalizando a conduta –, mas sim um juízo concreto sob as circunstâncias que levaram o acusado a responder por determinado delito. Assim, o sentido da gravidade do crime aparece tanto mais nítido quanto for o *fumus commissi delicti* e o *periculum libertatis*. Isso não se dá pelo simples fato da acusação versar sobre um homicídio qualificado ou uma corrupção passiva, um peculato etc., mas pelo que o conjunto probatório carreado aos autos pode indicar sobre a conduta do acusado. Podemos falar, então, em uma gravidade do possível cometimento do crime, que é reforçada pelo *fumus commissi delicti*.

De todo modo, isso poderá ser determinado pelo sentido motivado presente em um processo que apure o crime de corrupção tanto quanto em outro que apure um homicídio. *Não é o emprego da violência ou o homicídio em si que autoriza falar da gravidade do crime como fator determinante para a prisão preventiva, mas, sim, as condições motivacionais que se colocam a partir da conduta praticada.* Essa consideração aparece de um modo, por assim dizer, germinal nas decisões do STF que tratam da presunção de inocência e da gravidade do crime, mas se carece ainda de uma construção mais nítida que possa formar uma espécie de *holding*.

Portanto, não está correto o entendimento que coloca a gravidade do crime colada à (provável) violência da conduta ou à previsão abstrata do crime. O que autoriza (um)a prisão preventiva é a reconstrução principiológica que se faz a partir do sentido motivado concretamente. Há um iter argumentativo a ser percorrido até se chegar a consideração de que um crime é grave, que não pode ser desconsiderado pela decisão que determina a prisão. Esse caminho não pode sofrer cortes através de atalhos que manifestam sentidos coagulados em algum enunciado *prêt-à-porter*. A gravidade do crime é o último elo da reconstrução institucional de um caso concreto; ele não é o primeiro e nem é plenipotenciário.

Ao fim e ao cabo, pode-se dizer que o princípio que se extrai dos julgamentos que procura(ra)m preservar a presunção da inocência e o *status libertatis* é: *nenhuma prisão pode ser decretada com base no argumento da gravidade do crime, se a motivação vier desacompanhada de outro fundamento jurídico (art. 312 do CPP)*. Outro princípio (ou padrão interpretativo) que pode ser extraído da discussão jurisprudencial: *a gravidade do crime será sempre subsidiária no plano da fundamentação*.

Ou seja, a gravidade do crime exige um esforço maior por parte do juiz que exara o decreto prisional, uma vez que ele terá o dever de motivar sua decisão de modo a convencer toda comunidade política de que não é apenas porque o crime é considerado socialmente "grave" que a prisão será decretada, mas, sim, que há motivos jurídicos – e não políticos, econômicos ou morais – autorizadores dessa prisão.

Desse modo, podemos resumir esse problema nos seguintes pontos, que aduzimos aqui como requisitos para a decisão:

1º) Como um requisito *negativo* – os argumentos lançados para estatuir a prisão preventiva, inclusive o da gravidade do crime, *não* podem estar motivados por fatores que ultrapassam o *élan* definidor da sua cautelaridade, qual seja: de ser ela uma medida processual, usada para resolver problemas ligados ao próprio processo (na estrita medida do art. 312 do CPP). Não se autoriza seu emprego, portanto, com vistas a "auxiliar" na solução de outras demandas, como a diminuição da criminalidade, a comoção social, a interrupção da continuidade delitiva etc.[81]

2º) Como um requisito *positivo* – temos que a gravidade não pode ser usada como um enunciado performativo;[82] deve vir

---

[81] É exatamente por isso que não podemos concordar com Scarance Fernandes quando afirma que a prisão preventiva decretada para garantia da ordem pública busca também evitar que se estabeleça um estado de continuidade delitiva (Cf. SCARANCE FERNANDES, Antônio. *Processo Penal Constitucional*. 4. ed. São Paulo: Revista dos Tribunais, 2005, p. 302). Isso pode até se constituir em um efeito acessório da decisão, *mas nunca pode ser admitido como fundamento jurídico do decreto prisional pelo exato motivo de que, para afirmar que o acusado continuaria a cometer crimes, seria necessário um juízo de condenação do próprio crime pelo qual ele está sendo processado*. Em um Estado Democrático de Direito, a prisão para fins cautelares deve ficar restrita a questões estritamente processuais.

[82] Enunciados performativos são "conceitos" que "se bastam". Basta a sua simples evocação para que a solução de um problema jurídico "apareça" pela fala autorizada daquele que o argui de forma pretensamente clara e cristalina. No fundo, um enunciado performativo é a própria representação de um conceito sem coisa: como ele não se sustenta em um contexto motivacional, acaba sendo uma porta para o vazio, para a opacidade do sentido.

adequada a um contexto motivacional que autorize perceber o requisito anterior a partir da demonstração dos requisitos genéricos para decretação da prisão (*fumus commissi delicti* e *periculum libertatis*). Mas, em definitivo, essa questão não pode ficar ao alvedrio daquele que decreta a prisão. Isto é, a prisão não pode depender de um juízo *ad hoc,* fruto da discricionariedade do julgador.

Aliás, aqui é possível perceber a importância da decisão do STF que afasta o argumento "plenipotenciário" chamado "gravidade do crime". Portanto, não é possível concordar com a tese de que a medida deve ser regulada pela "sensibilidade do julgador" (*sic*) como quer Mirabete (argumento repetido *ad nauseam* nas decisões que decretam prisões em *terrae brasilis*).[83] Ao contrário, a medida deve ser regulada pelos critérios fáticos e jurídicos que impõem ao juiz, em um Estado Democrático de Direito, preservar a presunção de inocência do acusado até o ponto que sua sustentação *jurídica* já não seja mais possível.

Daí que podemos repetir o princípio que se (deve) extrai(r) das decisões decretadoras de prisões cautelares: "nenhuma prisão pode ser decretada com base no argumento da gravidade do crime, se a motivação vier desacompanhada de outro fundamento jurídico (art. 312 do CPP)".

3.2.2. Presunção de inocência II: da aplicação tabula rasa à recondução principiológica

Por outro lado, temos também a questão da presunção da inocência. É, hoje, lugar comum dizer que, em um Estado Democrático de Direito, a liberdade é a regra e a prisão a exceção. Isso, afirma a maioria avassaladora da doutrina, em virtude da consagração constitucional do "princípio" da presunção de inocência.[84]

Para nós, entretanto, a questão é de outra grandeza, embora o problema da presunção de inocência esteja implicado nela. A grande ironia é que, no modo como tradicionalmente se retrata

---

[83] Cf. MIRABETE, Julio Fabbrini. *Código de Processo Penal interpretado.* 11. ed. São Paulo: Atlas, 2003, p. 803.

[84] Nesse sentido, por todos: MAGALHÃES GOMES FILHO, Antônio. *Presunção de inocência e prisão cautelar.* São Paulo: Saraiva, 1991.

a presunção de inocência, ela se assemelha muito mais a uma regra do que efetivamente a um princípio. Note-se, como já foi exaustivamente explicado alhures,[85] ao contrário do que tem sido dito principalmente pelas teorias da argumentação jurídica, para nós, *as regras é que são abertas, enquanto os princípios fecham a interpretação.*[86] Há uma porosidade, ínsita às regras, que faz com que elas só se tornem completas (e legítimas) através dos princípios.

Em outras palavras, sempre que se decide, aplica-se um princípio, porque é ele que será responsável pela "individualização" da regra, de modo que, o que legitima a decisão de um caso (do que se depura se a decisão é ou não adequada à Constituição), é sua justificação principiológica. Assim, quando se trata a presunção de inocência de um modo universalizante, *tabula rasa*, o que se está a fazer é uma espécie de "regramento" do princípio da presunção de inocência.

Talvez a questão ficaria melhor colocada se disséssemos – e o socorro nos vem novamente de Dworkin – que "cada cidadão tem o direito de não ser condenado se for inocente".[87] Adequando

---

[85] Cf. *Verdade e Consenso*, op. cit., em especial o posfácio.

[86] Essa é uma questão importante que precisa ficar melhor esclarecida. Tomemos um exemplo concreto: a regra do crime de furto – *subtrair, para si ou para outrem, coisa alheia móvel*. Mas o que é um furto? Ele se esgota na sua definição típica? Por certo que não. Na verdade, é possível dizer que todas as hipóteses de furto não cabem no enunciado do art. 155 do CP. Isso porque há uma porosidade na fórmula da regra que só se torna completa no momento em que um dado furto acontece. Nesse momento, acontece um salto! A conduta praticada concretamente no mundo da vida passa a ser significada como furto, mas não qualquer furto, *mas sim aquele dado furto*. Como dar conta de todas as especificidades que emanam deste dado furto? A partir da plenipotenciaridade da regra do art. 155? Por certo que não. A regra do art. 155 é porosa, dela muita coisa escapa. A densidade normativa do dado furto (ou do "furto mesmo") só aparece no momento de sua reconstrução principiológica. Veja-se as inúmeras possibilidades: *homem faminto entra em um supermercado e subtrai para si um pacote de bolachas*. Ou então, *um dado rapaz subtrai para sua mãe um botijão de gás.* Deve-se punir nesses casos? Se não, por quê? Basicamente porque há um princípio que sustenta uma decisão que afasta o crime de furto em casos tais: o princípio da insignificância. Ou, ainda, se o exemplo fosse diferente: *homem aproveitando a distração da vítima, subtrai para si veículo que estava estacionado na via pública*. Neste caso, deve haver punição? Ela se dará pela simples ocorrência "no mundo dos fatos" da conduta descrita no art. 155 do CP? Nos parece que a resposta é não. O que irá ensejar o decreto condenatório é a reconstrução principilógica do caso e o que autoriza a condenação não é exatamente a previsão do crime de furto, mas o princípio que – em última análise – autorizou o Estado a criminalizar uma tal condutada: *na república federativa do Brasil – que é uma sociedade capitalista – todo cidadão tem o direito de ter sua propriedade preservada, não só com relação ao Estado, mas também com relação aos demais concidadãos.*

[87] Cf. DWORKIN, Ronald. *Uma Questão de Princípio*. São Paulo: Martins Fontes, 2005, p. 105.

essa frase ao nosso objeto de estudo, poderíamos dizer que todo cidadão tem o direito de permanecer em liberdade até que um determinado conjunto de significações gere a necessidade da restrição de seu *status libertatis*.

Portanto, a presunção de inocência não deve ser vista de maneira tão dogmática assim. Há uma possibilidade de que, em determinadas situações, a aplicação principiológica determine a suspensão dessa regra de presunção, como acontece nos casos em que o acusado reúne em torno de si circunstâncias suficientes para afirmar que ele é, possivelmente, o autor do delito. Processualmente, chamamos isso de indícios de autoria que, somados à prova da materialidade delitiva, completam o primeiro requisito para decretação cautelar da privação da liberdade: *o fumus boni juris* – que ficaria melhor colocado como *fumus commissi delicti*. Esse será, pois, o primeiro requisito da decisão que decreta a preventiva. Mas, além do *fumus boni juris*, sabemos que a cautelar depende também da demonstração do *periculum in mora* (*periculum libertatis*) que, no caso do processo penal, seus requisitos encontram-se descritos no art. 312 do CPP.[88]

De qualquer forma, uma coisa deve ficar clara: quando se decreta (corretamente) uma prisão cautelar, *não acontece a suspensão do princípio da presunção de inocência*. Ele continua presente, regendo outros casos que não reúnem as condições explicitadas acima. Podemos falar em decretação de prisão preventiva apenas quando uma decisão apresente a fundamentação detalhada que justifique a aplicação da exceção do princípio.

Do mesmo modo, também o uso da violência, por si só, não autoriza o decreto preventivo da prisão do acusado. Afinal, também nestes crimes há a possibilidade do acusado ser inocente, pois não...?! Por certo que não estamos, com isso, pregando uma espécie caduca e/ou ingênua de abolicionismo e tampouco afirmando que assassinos devem ficar soltos pelo tempo que durar o processo. Apenas estamos afirmando que, em um Estado

---

[88] Cf. MORAIS DA ROSA, Alexandre. *Decisão Penal: Bricolagem de Significantes*. Rio de Janeiro: Lumem Juris, 2006, p. 137 e segs. Nesse sentido, o juiz catarinense afirma ainda: "apesar da impossibilidade fática da extinção das 'prisões cautelares', é possível se defender que para sua decretação ou manutenção devem concorrer os requisitos legais para tanto, não sendo bastante a mera referência à capitulação, em tese, da conduta, havendo necessidade inafastável de demonstração, fundamentada, de sua excepcionalidade. Não serve, portanto, a mera transcrição dos termos legais, devendo-se comprovar argumentativamente as condições fáticas de tal medida" (*op. cit.*, p. 138).

Democrático de Direito, *toda e qualquer restrição de liberdade deve ser minuciosamente fundamentada* pela autoridade que a determina e que há determinados argumentos que não servem para legitimar tal fundamentação.

Por fim, é importante anotar que o tratamento dogmático – no sentido duro de dogma – dado ao princípio da presunção de inocência é trazido com frequência pela doutrina processual penal brasileira e, igualmente, representa um risco. Há um conhecido livro no qual se lê o seguinte: "o princípio (de presunção da inocência – acrescentamos) foi erigido à categoria de *dogma* constitucional".[89]

Nesse sentido, há um constante apelo ao princípio da presunção de inocência, como se ele estivesse fora do tempo e fosse uma verdade universal e necessária. E isso cruza as mais diversas manifestações doutrinárias, desde posições mais tradicionais até aquelas tidas como críticas, por vezes partidárias de um garantismo que vulgariza o Direito Penal e Processual Penal, e que não se preocupam em tratar do problema de uma maneira científica. No fundo, há uma oscilação constante entre generalizar a presunção de inocência para abranger todos os casos, chegando ao ponto de se questionar a própria legitimidade da prisão cautelar (*sic*), e reduzir o princípio a uma individualização singularista – o velho "cada caso é um caso" – que acaba por desvirtuar uma importante garantia processual em um relativismo jurídico completamente ineficaz.

Ou seja, corre-se o risco – e isso já está acontecendo – de saltar da plenipotenciariedade de um princípio elevado indevidamente ao patamar de regra (*tabula rasa*) para uma "loteria" decisionista, bem caracterizada, por exemplo, no "princípio" da "confiança no juiz da causa" (*sic*), grande inimigo da presunção da inocência e da democracia. Aliás, é difícil encontrar algo mais inquisitivista do que o "princípio da confiança no juiz da causa". Talvez a invocação do "princípio da verdade real" – inimigo da filosofia – tenha essa mesma dimensão.

Para além destas idiossincrasias do senso comum teórico, o STF aos poucos vai construindo uma argumentação que, se não leva o nome de "principiológica", pode conduzir à sedimenta-

---

[89] Cf. TOURINHO FILHO, Fernando da Costa. *Processo Penal*. Vol. 1. 23. ed. São Paulo: Saraiva, 2001, p. 65

ção de uma *holding* acerca de quando e em que circunstâncias se pode excepcionar o *status libertatis*. Entretanto, parece evidente que o STF não conseguirá isso editando uma súmula, que são "respostas antes da formulação das perguntas".

Cada caso em que se fizer necessária a aplicação da exceção (prisão) exigirá respostas que só ocorrem depois das perguntas. E isso somente se dá a partir da coerência e da integridade, exatamente a partir da reconstrução principiológica dos argumentos lançados na decisão. Já há avanços no STF nesse sentido: *regra geral, já não se mantém prisão com base unicamente na gravidade do crime; também não é necessário o acusado recolher-se à prisão para recorrer*. Restam, ainda, duas coisas a serem feitas:

a) sedimentação de uma tradição (no sentido hermenêutico da palavra), pela qual o próprio Tribunal esteja comprometido, amiúde, com o princípio que se extrai de cada *leading case*. Ou seja, jurisprudência não é um conjunto de decisões *ad hoc*. Se hoje o STF decide que, nos casos de embriaguez no trânsito – no que tange à possibilidade de dolo eventual – deve ser provado que o agente ingeriu álcool deliberadamente (*actio libera in causae*), a Corte criou/cria dois problemas: um, porque acaba de romper com a cadeia decisional anterior; dois, de que modo ele julgará os casos seguintes?

b) e a capilarização dos argumentos principiológicos ao plano dos juízes e dos Tribunais espalhados por todo o país. Trata-se, aqui, da necessidade de construirmos uma Teoria da Decisão, pela qual podemos alcançar uma espécie de DNA do direito, a partir da reconstrução da história institucional do instituto em jogo em cada caso, evitando-se, com isso, a fragmentação das decisões, que acarretam, ao fim e ao cabo, paradoxalmente, a necessidade de os Tribunais Superiores imporem mecanismos de controle "de cima para baixo" no sistema. Esse parece ser o paradoxo do sistema.

Neste segundo aspecto – a necessária capilarização – há que se lembrar que pouquíssimos acusados-presos conseguem levar as suas causas ao STF. É exatamente por isso que o pensamento da Suprema Corte deve estar "representado" em cada decisão... Mas, sabemos, isso ainda levará muito tempo para acontecer. Para tanto, é necessário, antes, vencermos as concepções solipsistas acerca da interpretação e da aplicação das leis e da Constituição. É preciso que paremos de pensar que "cada cabeça é uma sentença", que "cada juiz ou Ministro decide conforme a sua consciência" ou "que a interpretação é um ato de vontade"... Cada caso é um caso, sim...; só que um "caso" não se estabelece a partir de um "grau zero de sentido".[90]

Por isso é tão importante que, a partir dos julgamentos do STF que envolvam o princípio da presunção da inocência, possamos extrair uma série de outros princípios (padrões hermenêuticos entendidos como virtudes soberanas),[91] os quais, por sua vez, tornem-se de aplicação obrigatória (no sentido de *have a duty*) para casos similares (e em favor de todos os acusados, o que ocorrerá no momento em que esses padrões se capilarizem do STF até as mais recônditas comarcas do Brasil profundo).

3.2.3. Presunção de inocência III – uma discussão em torno da relação entre Direito e Moral no constitucionalismo contemporâneo

Uma discussão importante que envolveu o princípio da presunção de inocência aconteceu nos debates envolvendo o problema da chamada "lei da ficha limpa". Trata-se de discussão que já povoava a pauta de nossa Suprema Corte desde o ano de 2008 quando, naquela ocasião, foi proposta pela AMB uma ADPF, pedindo para que fossem levados em conta como critérios para a aferição da elegibilidade dos candidatos a cargos eletivos os antecedentes criminais e possíveis ações de improbidade administrativa em curso. Esse pedido aconteceu nas vésperas das eleições municipais e suscitou um grande debate. Na oportunidade, o STF decidiu que o pedido não poderia ser procedente, uma vez que era contrário à presunção de inocência garantida pela Constituição.[92]

Já em 2010, então em pleno ano eleitoral, foi promulgada a lei de "moralização do processo político", com a "chancela democrática" de ter sido criada mediante proposta de Iniciativa

---

[90] V*erdade e Consenso*, op. cit., em especial o posfácio.

[91] Id. Ibid.

[92] Para uma análise aprofundada do conteúdo dessa decisão Cf. *Verdade e Consenso*. 3. ed. Rio de Janeiro: Lumen Juris, 2009, p. 547 e segs. De se consignar, ainda, que parcela considerável dos juristas brasileiros afastam a discussão acerca da presunção de inocência neste caso sob o risível argumento de que a inelegibilidade não tem caráter de *pena*, mas representa apenas um *efeito acessório da condenação penal*.

Popular, um dos mecanismos de democracia semidireta previstos pela Constituição de 1988 (art. 61, § 2º CF/1988). Com efeito, a Lei Complementar n. 135/2010, conhecida como "lei da ficha limpa", instituiu novas regras para o processo eleitoral, que retiravam dos cidadãos brasileiros a possibilidade de serem eleitos, caso houvesse contra eles decisão de órgão colegiado (de segunda instância), mesmo que ainda lhes restasse recurso para os Tribunais Superiores. De se notar que, conforme foi assinalado anteriormente, pela sistemática do Direito brasileiro, mesmo com condenação em um órgão colegiado de segunda instância, ainda será possível interpor recurso dessa decisão – desde que atenda a uma série de requisitos previstos pela lei processual – a Tribunais Superiores (STF e o STJ, o que, em tese, cria a expectativa de que a condenação possa ser revista, gerando, portanto, incerteza quanto ao resultado final do processo). Portanto, como a Constituição exige, para efeitos de presunção de inocência, que só pode ser considerado culpado aquele que teve sua condenação determinada por decisão da qual não caiba mais recurso, os candidatos que, atendidos os requisitos, consigam levar seus processos até esses Tribunais Superiores, ainda não podem ser considerados condenados/culpados. Portanto, não sendo considerados condenados, não seria possível aplicar-lhes todos os efeitos da decisão condenatória. Desse modo, não poderiam eles ser considerados inelegíveis.

A despeito disso, a Lei Complementar n. 135/2010 considera que são inelegíveis os cidadãos que tiverem contra si condenações determinadas por órgãos colegiados, ainda que dessa decisão caiba recurso aos Tribunais Superiores. Há, portanto, uma virtual inconstitucionalidade, na medida em que, conforme dito acima, a garantia constitucional da presunção de inocência exige o esgotamento de *todas as vias recursais* para se considerar como definitiva a condenação. Ocorre que parcela da comunidade jurídica brasileira argumenta que a lei cumpre outra determinação constitucional – tão importante quanto a da presunção de inocência – que é a garantia da moralidade na administração pública, prevista pelo art. 37, *caput*, da Constituição de 1988. Os partidários dessa tese afirmam, ainda, que o direito à moralidade da administração pública é de caráter social, enquanto a presunção de inocência representa uma garantia individual e, no conflito entre o interesse social e o individual, o primeiro é que deve prevalecer.[93]

Diante disso, cabe perguntar: em sendo a Constituição o parâmetro material da legislação (ou seja, como afirma Ferrajoli, a Constituição determina o "dever-ser" da legislatura), como seria possível resolver esse problema, se tanto a presunção de inocência quanto a moralidade administrativa estão "positivadas" na Constituição?

3.2.3.1. Para além da "ponderação": a exposição de um modo hermeneuticamente adequado de se compreender o aparente conflito entre a presunção de inocência e a moralidade

A resposta à pergunta com que encerramos o item anterior se afigura como de difícil solução por conta da própria estrutura apresentada pelo Texto Constitucional. Note-se: se a referida Lei Complementar pretendesse tão somente moralizar o processo político, sem nenhum respaldo no texto da Constituição, a questão seria de simples solução: bastaria impor a garantia da presunção de inocência contra esse tipo circunstancial de moralismo ventilado pela lei. Todavia, tanto quanto a presunção de inocência, também a moralidade está prevista expressamente pela Constituição, sendo considerada um dever a ser cumprido por todo e qualquer agente público.

---

[93] Essa a posição assentada pelo Min. Carlos Aires Britto em voto proferido no RE 633703-MG. Na verdade, além da virtual inconstitucionalidade da Lei n. 135/2010, pela afronta à garantia da presunção de inocência, há outras inconstitucionalidades que podem ser a ela atribuídas. No caso do recurso no qual o Min. Ayres Britto proferiu seu voto, o que se questionava era uma afronta ao art. 16 da CF/1988, que determina que lei que altera regras do processo eleitoral só pode ser aplicada às eleições depois de um ano de sua entrada em vigor. No caso, a lei foi aprovada em 2010 e teve sua aplicação determinada por alguns órgãos da Justiça Eleitoral já nas eleições de 2010. Ofendeu, portanto, a regra da anterioridade anual presente no art. 16. No julgamento do citado Recurso Extraordinário (RE), o STF excluiu a aplicação da lei às eleições de 2010. Porém, não houve pronunciamento da Corte com relação à inconstitucionalidade da lei por afrontar à garantia da presunção de inocência. A questão encontra-se, portanto, em aberto. Todavia, já no julgamento desse, alguns Ministros indicaram a forma como votariam caso o objeto de análise fosse a constitucionalidade da lei em tese – e não sua aplicação às eleições de 2010, como era o caso. O Min. Aires Britto foi um destes: sua posição vai no sentido de que a garantia dos direitos individuais não pode esvaziar a efetividade dos direitos sociais. Portanto, na interpretação por ele construída, a restrição à garantia de presunção de inocência se justifica em face do interesse maior, de cunho social, de moralização do processo político. Resta saber se essa construção permanece de pé diante da leitura moral da Constituição.

Claro que, para os adeptos do *constitucionalismo principialista* (ou do chamado *neoconstitucionalismo*) que acreditam na "fórmula da ponderação", caberia sempre apostar na saída de afirmar que, no caso apresentado, existe uma colisão entre o princípio da presunção de inocência (art. 5º, LVII) com o princípio da moralidade da administração pública (art. 37, *caput*). De toda sorte, a ponderação – enquanto fórmula que antecede o caso – não oferece uma resposta adequada ao problema posto. Despiciendo, aqui, determo-nos a uma crítica à ponderação ou à teoria da argumentação jurídica, pela simples razão de que já o fizemos em tantos outros lugares e ocasiões.

Mas, se não há a possibilidade de se recorrer a esse tipo de estratégia para solução do problema – até porque, em última análise, a ponderação é uma fórmula artificial que, no modo como vem sendo utilizada em países como o Brasil, tem servido para justificar decisões dispares sob o mesmo caso concreto[94] –, por qual caminho passa a solução dessa questão? Ou seja, a chamada Lei da Ficha Limpa está ou não de acordo com a Constituição brasileira de 1988?

Pensamos que a resposta a esta questão passa pela seguinte afirmação: é preciso avaliar os argumentos que são apresentados pela comunidade política, submetê-los à crítica e se posicionar diante daquele que reflete – a partir de uma leitura moral – a resposta mais adequada à Constituição.

Sendo mais claros, é preciso construir – a partir de um processo de interpretação das práticas jurídicas – o argumento que mostre a Constituição em sua melhor luz. Como afirma Dworkin, num contexto de análise críticas das decisões judiciais: é ingênuo

---

[94] Na 4ª edição, de *Verdade e Consenso* (Saraiva, 2011), há uma longa introdução procurando apontar para o ambiente no qual o livro e, no limite, toda obra deve ser lida. Nela, são apresentadas as recepções equivocadas realizadas pelo pensamento constitucional brasileiro que, diante de uma constituição normativa sem uma Teoria da Constituição adequada, foi obrigado a importar teorias produzidas por outras culturas. Muitas vezes essas teorias acabam sendo adaptadas ao ambiente cultural brasileiro, produzindo resultados patológicos. Uma dessas recepções equivocadas refere-se, exatamente, à ponderação proposta por Alexy. Na versão *à brasileira da ponderação*, pondera-se sem critérios. Não se aplica a fórmula quanto-tanto, criada por Alexy justamente para conferir racionalidade ao procedimento utilizado pelo Tribunal Constitucional Alemão. Resultado disso é uma jurisprudência constitucional que, muitas vezes, se apresenta em estado de fragmentação, vindo a ocorrer situações interessantíssimas, como casos em que, num mesmo julgamento, Ministros diferentes, fundamentando sua posição na ponderação, chegaram a resultados totalmente diferentes. Este caso é descrito por Lenio Streck na 3ª edição da mesma obra, p. 533 e segs.

tentar coibir os vícios das más decisões através de um procedimento universal a ser seguido por todos os juízes no momento em que decidem os casos constitucionais (jurisdição constitucional). "O vício das más decisões está nos maus argumentos e nas más convicções; tudo o que podemos fazer contra elas é apontar como e onde os argumentos estão falhos".[95]

É interessante anotar que Dworkin não exige uma correspondência desses argumentos ou convicções com uma espécie de "moral absoluta", passível de ser conhecida por um sujeito privilegiado (cognitivismo ético). O princípio anterior que deve moldar a interpretação construída pela jurisdição (constitucional – acrescentei) é a *integridade*. Essa exigência de integridade é manifestada por Dworkin em várias dimensões. Destacamos aqui duas dessas dimensões lembradas pelo autor no livro em que defende explicitamente a leitura moral da constituição.

Numa primeira dimensão, a integridade exige que "a decisão judicial seja determinada por princípios, não por acordos, estratégias ou acomodações políticas".[96] Nota-se, portanto, que, já de saída, a preocupação de Dworkin é com o Estado de Direito e com a democracia, na medida em que uma questão de princípio, neste caso, representa uma blindagem contra consequencialismos episódicos, manifestados em questões com "necessidade imediata de solução" e que produzem, no mais das vezes, profundo impacto no clamor popular. Vale dizer: a decisão deve apresentar argumentos que representem da melhor forma o *direito da comunidade política*, e não o direito conforme uma natureza imutável que, de forma transcendente, condiciona o direito humano histórico e imperfeito; nem um "direito" que atenda pragmaticamente o interesse temporário de setores da sociedade.

A segunda dimensão da integridade, segundo Dworkin, diz respeito a uma aplicação vertical: "se um juiz afirma que um determinado direito à liberdade é fundamental, deve demonstrar que sua afirmação é coerente com todos os precedentes e com as principais estruturas do nosso arranjo constitucional".[97] Isso significa que, na construção de sua interpretação, a jurisdição (constitucional) não pode simplesmente compor seus argumentos de

---

[95] DWORKIN, Ronald. *O Direito da Liberdade*, op. cit., p. 132.

[96] Id. Ibid., p. 133.

[97] Id. Ibid., p. 133.

acordo com aquilo que seus membros pensam ser melhor (num sentido de uma moral subjetiva) para a sociedade, nem tampouco devem justificar sua interpretação numa essência absoluta ao tipo das posturas jusnaturalistas. Na construção de sua interpretação, a jurisdição deve, sim, justificar sua interpretação de modo a demonstrar que ela é a melhor (num sentido moral) no contexto do modelo constitucional vigente. Complementando essa exigência vertical – de ajuste da interpretação da melhor maneira possível ao arranjo constitucional da comunidade política –, há um ajuste de ordem horizontal: "um juiz que aplica um princípio deve dar plena importância a esse princípio nos outros pleitos que decide ou endossa".[98]

Não é outra a posição que defendemos quando tratamos de uma Teoria da Decisão Judicial. Com efeito, é preciso ter presente que a intersecção entre Direito e Moral (ou sua cooriginariedade) vem à tona a partir de Dworkin, não pela defesa de moralismos ou de jusnaturalismos, mas em virtude da identificação em sua teoria de uma "responsabilidade política de cada juiz/intérprete/ aplicador, obrigando-o (*has a duty*) a obedecer a integridade do direito, evitando que as decisões se baseiem em raciocínios *ad*

---

[98] Id. Ibid., p. 133. No que atina à essa dimensão horizontal da integridade é importante anotar que há uma série de particularidades – principalmente no que toca à modificação dos precedentes – que mereceriam ser abordadas com vagar. Todavia, esse particular não faz parte dos objetivos do texto, que está mais preocupado em colocar em questão o problema do juízo de substancialidade proposto pelo constitucionalismo garantista na perspectiva de saber se, de alguma forma, também ele não reivindica um horizonte moral para solução de casos concretos. Todavia, há importantes obras que tratam com cuidado do problema da "aplicação" dessa integridade horizontal. Problema particularmente inquietante nessa esfera temática é aquele que se afigura a partir de uma constatação apressada de que essa necessidade de recursividade das decisões – das próprias e das demais esferas que compõem a estrutura judiciária – poderia levar a um "continuísmo histórico" ou a um excessivo conservadorismo judicial. Todavia, essa preocupação é apenas aparente. Com efeito, conforme anota Francisco Borges Motta – em obra que revela um crítica contundente ao chamado "protagonismo judicial" – assevera o seguinte sobre o problema da alteração das decisões passadas: "a integridade obviamente convive com a possibilidade (melhor dito: *necessidade*) de alteração das decisões (concepções) anteriores, e esclarece que aí não estará em jogo um escolha entre "história" e "justiça". Neste fio, uma decisão judicial que "quebre" (corretamente) um precedente, estará apenas realizando uma 'conciliação entre as considerações que em geral se combinam em qualquer cálculo de direito político', e isso na exata medida em que a decisão judicial nada mais faz do que tornar efetivos direitos políticos já existentes. Não há nada 'surpreendente' aqui. Sucede simplesmente que as circunstâncias variam e os princípios mudam de peso no tempo. (...) De mais a mais, na medida em que se difunda – e aí a doutrina entra em cena – que determinado veredicto é um erro, a sua reinterpretação não só se fará oportuna, como necessária" (MOTTA, Francisco J. Borges. *Levando o Direito a Sério*. Uma crítica Hermenêutica ao Protagonismo Judicial. Florianópolis: Conceito, 2010, p. 123).

hoc (teleológicos, de moralidade ou de política)".[99] Nesse sentido, já tivemos a oportunidade de afirmar:

> "Quando Dworkin diz que o juiz deve decidir lançando mão de argumentos de princípio e não de políticas, não é porque esses princípios sejam ou estejam elaborados previamente, à disposição da 'comunidade jurídica' como enunciados assertóricos ou categorias (significantes primordiaisfundantes). Na verdade, quando sustenta essa necessidade, apenas aponta para os limites que devem haver no ato de aplicação judicial (por isso, ao direito não importa as convicções pessoais/morais do juiz acerca da política, sociedade, esportes etc; ele deve decidir por princípios). É preciso compreender que essa 'blindagem' contra discricionarismos é uma defesa candente da democracia."[100]

Veja-se, portanto, que tal qual o juízo de substancialidade da lei, o argumento de princípios de Dworkin – assentado em uma leitura moral da constituição – também estabelece uma defesa candente da democracia. Também há uma defesa intransigente da efetividade dos direitos fundamentais contra injunções episódicas das maiorias parlamentares.

3.2.3.2. A construção da resposta hermenêutica a partir de uma interpretação adequada à Constituição

No caso em análise, o que temos? Quantas são as possíveis posições em torno da presunção de inocência? Há quem entenda que essa garantia constitucional não pode ser maculada em virtude de um raciocínio pragmático que pretende remediar uma situação circunstancial da vida política brasileira. Por outro lado, há também os que defendam que essa presunção precisa ser mitigada, pois, no momento em que foi dada oportunidade de recurso de um primeiro julgamento e, em sede de apelação a um órgão colegiado, a condenação foi mantida, seria um exagero aguardar o julgamento de um último recurso aos Tribunais Superiores.

A simples revisão pelo órgão colegiado de instância inferior já seria o suficiente para cumprir o que exige a garantia de presunção de inocência. Há, ainda, o entendimento que defende

---

[99] STRECK, Lenio Luiz. *Verdade e Consenso*, op. cit., p. 446.
[100] Id. Ibidem., p. 446.

a inelegibilidade de candidatos com condenações emitidas por órgãos colegiados, uma vez que se objetiva com isso dar vazão ao "princípio" constitucional da moralidade administrativa, que é um direito coletivo e que deve prevalecer diante do direito individual que cada candidato tem de ser presumido inocente até o efetivo trânsito em julgado da condenação.

Parece-nos que, neste caso, a questão é saber em que circunstâncias e de que modo um direito individual como a presunção de inocência pode ser restringido. Esse "quando" e "como" deverá aparecer a partir de uma interpretação das práticas jurídico-constitucionais presentes no Direito brasileiro. Com relação ao problema apresentado (a constitucionalidade da Lei Complementar n. 135/2010), se os motivos determinantes da restrição apresentados pela lei não estiverem autorizados por esse modelo institucional – como nos parece ser o caso –, a segunda questão – o como restringir – sequer precisa ser respondida. De fato, a restrição impingida pela referida lei não pode ser justificada – em nenhuma perspectiva – no contexto do nosso modelo constitucional.

Em primeiro lugar, o motivo determinante para restringir a presunção de inocência é baseado em um típico argumento de exceção que atenta frontalmente contra os princípios edificadores de um Estado de Direito. Ora, um problema circunstancial de funcionamento do sistema político é apontado como um caso que coloca em xeque toda a ordem pública e que, por isso, precisa de uma resposta legislativa que restabeleça a ordem perdida. A questão é que o restabelecimento da ordem, no caso, acarreta a suspensão do direito. Fica muito claro, portanto, o paradoxo apontado por Giorgio Agamben em seu *Estado de Exceção*: sob o pretexto de fazer cumprir uma lei, suspende-se o cumprimento do Direito.[101] Uma situação de necessidade reivindica a suspensão da execução de um direito, com o pretexto de salvar o próprio direito, com o restabelecimento da ordem. Esse caminho é perigoso, tortuoso e sem volta...

Por mais que seja execrável vivenciar dioturnamente a recondução de pessoas de duvidosa conduta com relação à coisa pública, sua exclusão do processo político deve ser feita no con-

---

[101] Cf. AGAMBEN, Giorgio. *Estado de Exceção*. São Paulo: Boitempo, 2003, p. 65 e segs.

texto das regras democráticas (através do sufrágio e dos meios legais de condenação e ilegibilidade). Suspender o direito de presunção de inocência em virtude da "necessidade" de moralizar o processo político é abrir um perigo espaço na institucionalidade, a partir do qual emerge figuras típicas de um Estado de Exceção.

Por outro lado, também o argumento de que o direito social à moralidade administrativa deve sobrepor-se ao direito individual[102] à presunção de inocência pode ser afastado por não ser o que melhor se adequa à nossa prática político-jurídica. Ora, além de estar assentado na – falsa – ideia de colisão entre princípios, esse argumento repristina a perigosa tese de que o coletivo é mais importante do que o individual, que era moda nas primeiras décadas do século XX. Despiciendo lembrar que esse tipo de argumento estava presente em muitos elementos das "visões de mundo" totalitárias que compuseram os anos de chumbo da primeira metade do século passado. Portanto, essa imposição *prima facie* de direitos sociais sobre direitos individuais constitui um gravíssimo risco à democracia, além de ser um atentado contra os direitos fundamentais.

Encerrando essa questão, resta-nos ainda um argumento do tipo horizontal – tal qual apresentado na descrição de Dworkin. Com efeito, o STF julgou a ADPF n. 144, que tinha como objetivo vetar as candidaturas de cidadãos que tivessem seu passado contaminado por processos criminais ou de improbidade administrativa, ainda em curso no judiciário. No julgamento, o STF

---

[102] Nesse sentido, a segura lição de Georges Abboud, ao dizer que "A fórmula que postula a necessária e incontestável primazia do interesse público sobre o particular é uma simplificação errônea e frequente do problema que existe entre o interesse público e os direitos fundamentais. Os direitos fundamentais são essencialmente direitos contra o Poder Público (Estado). A própria existência dos direitos fundamentais seria colocada em risco, caso fosse admitida qualquer restrição contra eles, sob o argumento de que tal restrição traria benefício geral para a maioria da sociedade ou então para o próprio governo, ou ainda a preservação do interesse público. A primazia dos direitos fundamentais sobre o interesse público configura a premissa fundamental para a caracterização do Estado Constitucional. Assim, caso fosse admitida a restrição de direito fundamental com fundamento na suposta primazia do interesse público, de uma única vez, seriam esvaziadas as duas principais funções dos direitos fundamentais: (i) oponibilidade contra o poder público; e (ii) proteção do cidadão contra formação de eventuais maiorias, ou da atuação do governamental supostamente embasada na vontade da maioria". ABBOUD, Georges. O Mito da Supremacia do Interesse Público sobre o Privado: A Dimensão Constitucional dos Direitos Fundamentais e os Requisitos Necessários para se Autorizar Restrição a Direitos Fundamentais. In: *Revista dos Tribunais*, n. 907, conclusões principais.

afirmou que a pretensão formulada na referida ação atentava contra a presunção de inocência, julgando improcedente o pedido.

Em outra obra, inclusive, fizemos uso desse julgamento para ilustrar o que pode ser considerada uma resposta adequada à Constituição:

> "Por maioria de votos, o STF decidiu que o princípio da presunção da inocência não dava azo a outra interpretação que não a de que o critério final era, efetivamente, o trânsito em julgado de sentença condenatória. Vê-se, assim, que, não obstante os argumentos de política (e de moral) utilizados pela Associação dos Magistrados Brasileiros, com apoio na expressiva maioria da imprensa, o STF esgrimiu decisão contrária, exatamente com fundamento em argumentos de princípio (presunção da inocência)."[103]

Por uma questão de integridade "horizontal", o STF não pode deixar de considerar como relevante esse precedente em futuros julgamentos a que a referida lei será submetida. É preciso lembrar, com Maurício Ramires, que "o precedente judicial adquire um papel decisivo na tarefa da continuidade da tradição e da integridade do direito. Sua influência e seu campo gravitacional serão tão mais fortes quanto maior for seu vetor de concretização de princípios constitucionais".[104] É interessante notar que o mesmo autor afirma mais adiante que, nessa atração exercida pelo precedente, o órgão judicial não pode se deixar levar por um simples precedente isolado em sua fundamentação. É necessário que a pesquisa pela jurisprudência "possa dar ao juiz um quadro da totalidade da prática jurídica estabelecida até então".[105]

Ora, também a suspensão de direitos políticos tem caráter de pena! Assim sendo, é evidente que impor tal restrição antes do trânsito em julgado da condenação representa afronta à presunção de inocência. Portanto, não restam dúvidas de que – por uma questão de integridade horizontal – a afirmação da presunção de inocência deva prevalecer no julgamento da constitucionalidade da Lei Complementar n. 135/2010.

---

[103] STRECK, Lenio Luiz. *Verdade e Consenso*, op. cit., p. 547.

[104] RAMIRES, Maurício. *Crítica à Aplicação de Precedentes no Direito Brasileiro*. Porto Alegre: Livraria do Advogado, 2010, p. 103/104.

[105] Ibid., p. 104.

3.2.3.3. Apreciação Crítica da posição apresentada pelo Supremo Tribunal no julgamento conjunto das ADCs 29 e 30 e da ADI 4578: um exercício de constrangimento epistemológico da jurisprudência[106]

No entanto, não obstante todos os argumentos lançados acima, o STF tem apontado para outra direção no tratamento da questão (contrariando, assim, a principiologia decisória que vinha sendo – corretamente – cumprida pela Corte). Com efeito, no julgamento conjunto das ADCs 29 e 30 e da ADI 4578, o STF parece ter inaugurado uma nova – e perigosa – orientação sobre a questão colocada.

Essa "nova orientação" criou uma situação interessante para quem reflete sobre o problema dos princípios no contexto do chamado constitucionalismo contemporâneo. Como temos insistido desde o início da presente obra e também em outros trabalhos, o Direito brasileiro tem sido vítima de um estigma teórico chamado panprincipiologismo: espécie de patologia especialmente ligada às práticas jurídicas brasileiras e que leva a um uso desmedido de *standards* argumentativos que, no mais das vezes, são articulados para driblar aquilo que ficou regrado pela produção democrática do direito, no âmbito da legislação (constitucionalmente adequada). É como se ocorresse uma espécie de "hiperestesia" nos juristas que os levassem a descobrir por meio da sensibilidade (o senso de justiça, no mais das vezes, sempre é um álibi teórico da realização dos "valores" que subjazem o "Direito"), à melhor solução para os casos jurisdicionalizados.

Aquilo que aparece, em primeiro momento, na decisão que se descortina na nossa Suprema Corte, criou uma forma nova desse fenômeno se manifestar. Com efeito, ao lado do uso inflacionado do conceito de princípio,[107] o voto que até o momento foi apresentado nesses julgamentos (e que trará uma definição para o caso da Lei da "Ficha Limpa") produz uma espécie de retração que, mais do que representar uma contenção ao panprincipiologismo, manifesta-se como um subproduto deste mesmo fenôme-

---

[106] Sobre o conceito de constrangimento epistemológico Cf. *O que é isto – Decido Conforme Minha Consciência.* op., cit., *passim.*

[107] Registre-se que, o panprincipialismo é, corretamente, denunciado pelo Min. Dias Tóffoli em vários votos, inclusive fazendo alusão a obra *Verdade e Consenso.*

no. Trata-se de uma espécie de "uso hipossuficiente" do conceito de princípio. Já não se sabe o que é mais grave: o panprincipialismo ou a hipossuficiência principiológica.

O que seria esse "uso hipossuficiente do conceito de princípio"? Explicamos: ao invés de nomear qualquer *standard* argumentativo ou qualquer enunciado performático de princípio, o Judiciário passa a negar densidade normativa de princípio àquilo que é, efetivamente, um princípio, verdadeiramente um princípio, anunciando-o como uma regra.[108] Aliás, nega-se a qualidade de princípio àquilo que está nominado[109] como princípio pela Constituição...!

O que ocorreu, afinal? O julgamento em tela, conforme mencionado, trata da adequação da Lei Complementar nº 135/2010 (chamada lei da "Ficha Limpa") à Constituição. A questão que se apresenta aqui, depois de tudo o que foi dito, é a seguinte: qual é a serventia da Teoria do Direito? Não se trata de uma questão cosmética. Pelo contrário, é da Teoria do Direito que se retiram as condições para construir bons argumentos e fundamentar adequadamente as decisões. É dizer: tem-se a discutir o que foi feito da Teoria do Direito dos últimos 50 anos, a tanto ocupar a questão do conceito de princípio e que, agora, no voto do Min. Fux, parece não ter muita serventia. Veja-se as palavras do Ministro:

> "A presunção de inocência consagrada no art. 5º, LVII da Constituição deve ser reconhecida, segundo lição de Humberto Ávila, como uma regra, ou seja, como uma norma de previsão de conduta, em especial de proibir a imposição de penalidade ou de efeitos da condenação penal até que transitada em julgado decisão penal condenatória. Concessa venia, não se vislumbra a existência de um conteúdo principiológico no indigitado enunciado normativo." (Grifamos)

Não se vislumbra no enunciado normativo (presunção da inocência) um conteúdo principiológico? *Concessa venia* a posição exarada no referido voto sugere claramente uma passagem ao largo de toda a discussão a travar-se no âmbito teórico para

---

[108] Anote-se que o caráter de princípio que constitui o élan da presunção de inocência também é corretamente apontado por NERY JR., Nelson. *Princípios do Processo Civil na Constituição Federal*. 10. ed. São Paulo: Revista dos Tribunais, 2010, *passim*.

[109] É evidente que não é pelo fato de a nominação pela Constituição que transforme um determinado enunciado em um princípio. Nesse sentido, ver *Verdade e Consenso*, Pósfácio, op. cit.

saber o que é, efetivamente, um princípio. Aliás, a vingar a tese do ilustre jurista citado pelo Ministro, a igualdade – virtude soberana de qualquer democracia, como aparece em Dworkin e, numa perspectiva mais clássica, no testemunho de Alexis de Tocqueville sobre a democracia americana – não seria uma princípio, mas sim um simples postulado!

Vejamos, agora mais amiúde, como dar resposta ao problema de ser a presunção de inocência uma regra ou um princípio.

3.2.3.3.1. *Presunção de Inocência, regra ou princípio? Breves considerações em torno das posições de Robert Alexy e Ronald Dworkin*

A afirmação de que a presunção de inocência seria uma regra (*sic*) e não um princípio é tão temerária que uniria dois autores completamente antagônicos, como são Robert Alexy e Ronald Dworkin, na mesma trincheira de combate.[110] Ou seja, ambos se uniriam para destruir tal afirmação.

Com efeito, a grande novidade das interpretações oferecidas pelas teorias contemporâneas sobre os princípios jurídicos foi demonstrar que, mais do que simples fatores de colmatação das lacunas (como ocorria nas posturas metodológicas derivadas do privativismo novecentista), eles são, hoje, normas jurídicas vinculantes, presentes em todo momento no contexto de uma comunidade política.

Assim, tanto para Dworkin quanto para Alexy – que, certamente, são os autores que mais representativamente se ocuparam da compreensão do problema do conceito de princípio – existe uma diferença entre a regra (que, evidentemente, também é norma) e os princípios. Só para lembrar: cada um dos autores (Dworkin e Alexy) construirá sua posição sob pressupostos metodológicos diferentes que os levarão, no mais das vezes, a identificar pontos distintos para realizar essa diferenciação. No caso de Alexy, sua distinção será estrutural, de natureza semântica; ao passo que Dworkin realiza uma distinção de natureza mais fenomenológica.

---

[110] Sobre as oceânicas diferenças entre a proposta teórica de Robert Alexy e a de Ronald Dworkin, Cf. *Decisão Judicial e o Conceito de Princípio.*, op., cit., em especial p. 170 e segs.

De todo modo, tanto as posições de Dworkin quanto as de Alexy concordam que um dos fatores a diferenciar os princípios das regras diz respeito ao fato de que sua não incidência (ou aplicação) em um determinado caso concreto não exclui a possibilidade de sua aplicação em outro, cujo contexto fático-existencial seja diferente daquele que originou seu afastamento. As regras, por outro lado, se afastadas de um caso, devem, necessariamente, ser afastadas de todos os outros futuros; exigência decorrente de um princípio, que é a igualdade de tratamento.[111]

Para Dworkin, os princípios representam uma comunidade, vale dizer: uma comunidade política se articula a partir de um conjunto coerente de princípios que justifica e legitima sua ação política. Por isso o Direito pós-bélico (Losano) – o que surge depois da Segunda Guerra – é um novo paradigma.

Ora, os princípios possuem uma "dimensão de peso" (como aparece em *Levando os Direitos a Sério*), o que significa dizer que, em determinados casos, um princípio terá uma incidência mais forte do que noutro (ou noutros). Isso não impede que, em outro caso com circunstâncias distintas de aplicação, aquele princípio – afastado anteriormente – volte com maior força, dependendo da construção que se faz, com base na reconstrução da cadeia da integridade do direito.

Além de Dworkin, Alexy ressalta essa peculiaridade dos princípios. Para Alexy, adepto da distinção semântico-estrutural entre regras e princípios, os princípios valem *prima facie* de forma ampla (mandados de otimização). Circunstâncias concretas podem fazer com que seu âmbito de aplicação seja restringido. Os princípios – que, em algumas passagens da sua *Teoria dos Direitos Fundamentais*, Alexy equipara com os próprios direitos fundamentais – encontram-se em rota de colisão, e os critérios de proporcionalidade derivados da ponderação resolvem essa aparente contradição, fazendo com que, em um caso específico, um deles prevaleça. Lembre-se que o resultado da ponderação dos princípios colidentes é uma regra que Alexy chama de "norma de direito fundamental atribuída" (que, na prática cotidiana da aplicação do direito, ninguém faz). E lembre-se ainda que, nos termos da teoria alexyana, essa regra – que é o resultado de sope-

---

[111] Cf. DWORKIN, Ronald. *Levando os Direitos a Sério*. São Paulo: Martins Fontes, 2002, em especial os capítulos *modelos de regras I e II*; ALEXY, Robert. *Teoria dos Direitos Fundamentais*. São Paulo: Malheiros, p. 85 e segs.

samentos – deve servir para resolver casos similares àqueles que ensejaram a ponderação dos princípios colidentes.[112]

Aqui uma pausa: será que algum juiz ou tribunal no Brasil já se preocupou em determinar a regra de direito fundamental atribuída quando opera com a ponderação? Será que qualquer um deles já aplicou tal regra a outros casos similares? A resposta é óbvia: não há um caso a retratar esse tipo de aplicação. A própria ponderação é uma ficção. É uma máscara para esconder a subjetividade do julgador.

De todo modo – para concluir o raciocínio anterior – é bom lembrar que até Alexy é explícito ao afirmar que os princípios, quando afastados da aplicação em um caso específico, podem voltar com densidade normativa forte em outros casos futuros. As regras a terem como modo de aplicação a subsunção, ou valem ou não valem: se excluídas de um caso, devem ser, necessariamente, excluídas de outros futuros.

Desse modo, fica clara a fragilidade do argumento exposto no voto acima colacionado, devendo ser questionado o seguinte: 1 – se a presunção de inocência é mesmo uma regra, como é possível dizer que ela pode ter sua aplicação restringida no caso de condenações confirmadas pelo Tribunal (e os casos de competência originária, seriam o quê?) e, ao mesmo tempo, valer para aqueles que foram condenados pelo juiz singular apenas? 2 – se ela é uma regra, não deveria então também ser afastada nesses casos?

Note-se que o argumento é tão frágil que melhor ficaria se fosse dito que a presunção de inocência é (mesmo) um princípio: se justificada sua restrição no caso de condenações confirmadas pela segunda instância, conservar-se-ia intacta sua aplicação no âmbito do juiz singular! Todavia, nos termos em que foi formulado no voto, como pode uma regra valer num caso e não valer no outro? Haveria ponderação entre regras, como querem – de forma equivocada – alguns de nossos doutrinadores? Rebaixada à condição de regra, a presunção da inocência entraria em um "processo" de ponderação? E disso exsurgiria que tipo de resultado? Uma "regra da regra"?

Mais: afinal, se a ponderação é a forma de realização dos princípios, e a subsunção é a forma de realização das regras (isso

---

[112] Cf. ALEXY, Robert. *Teoria dos Direitos Fundamentais,* op., cit., p. 99-103.

está em Alexy, com todos os problemas teóricos que isso acarreta), falar em ponderação de regras não é acabar com a própria distinção entre regras e princípios tornando-os, novamente, indistintos? Parece-nos que o imbróglio teórico gerado pelo voto sob comento bem representa um verdadeiro "leviatã hermenêutico", isto é, uma guerra constante de todas as correntes de aplicação, estudos e interpretação do Direito entre si, a gerar uma confusão sem precedentes, onde cada um aplica e interpreta como quer o Direito, desatentos ao fato de que todo problema de constitucionalidade é um problema de poder constituinte. No fundo, mais uma vez venceu o pragmati(ci)smo, derrotando a Teoria do Direito.

Ainda, numa palavra, várias perguntas: a) se a presunção de inocência não é um princípio, o devido processo legal também não o é? b) E a igualdade? Seria ela uma regra? c) Na medida em que cada juiz deve obedecer à "regra" da coerência em seus julgamentos, isso quer dizer que, daqui para frente, nos julgamentos, a "regra" (*sic*) da presunção da inocência pode, em um conflito com um princípio, ou até mesmo com uma regra, soçobrar? d) Outra regra pode vir a "derrubar" a presunção da inocência? e) E o que dirão os processualistas-penais de *terrae brasilis*, quando confrontados com essa "hipossuficientização" do princípio da presunção da inocência, conquista da Democracia?

Em suma, por todo o exposto, fica claro que, a despeito da orientação projetada pela corte no início dos debates referentes à constitucionalidade da LC 135/2010, o princípio da presunção de inocência impede sua adequação à nossa ordem constitucional. Fica claro, portanto, que, no caso, há uma gravíssima ofensa à presunção de inocência.

3.2.4. Presunção de Inocência: IV – execução provisória da pena após condenação em segunda instância: do HC 126.292 às ADCs 43 e 44

3.2.4.1. Início da celeuma: HC 126.292

No entanto, ofensa ainda mais grave à presunção de inocência e, em consequência à Constituição Federal, encontra-se na decisão exarada no HC 126.292 em que o STF fez uma efetiva alteração do texto constitucional (em um caso que nem mesmo se enquadra naquilo que pode ser considerado, erroneamente, pela doutrina brasileira, como "mutação constitucional"[113]).

Diante de tudo o que foi dito até aqui, fica evidente que essa decisão, até mesmo por parte de seus fundamentos, é um exemplo de ativismo judicial: não há fundamento jurídico-constitucional que a sustente. Alguém poderá dizer que há argumentos muito bons e consistentes; votos bem escritos, que levantam questões importantíssimas para a República e que abrem espaço para debates interessantíssimos. Com certeza, compartilho da mesma opinião.

Entretanto, é impossível afirmar, diante daquilo que está posto na Constituição vigente, que o STF não reescreveu a Constituição e aniquilou garantia fundamental (violando, inclusive, cláusula pétrea dirigida ao poder de reforma, que impede adoção de propostas de emendas tendentes a abolir – ou esvaziar – os direitos e garantias individuais). Gostando ou não, essa é a Constituição que temos.

Também pode haver quem diga, em defesa da decisão do STF, que ele foi coerente em sua decisão, porque seguiu a linha de posicionamento que já havia manifestado no julgamento sobre a constitucionalidade da lei da Ficha Limpa, já analisado suficientemente no item anterior da presente obra.

Sem embargo, essa enunciação representaria uma visão frágil da coerência, uma vez que não leva em conta uma dimensão de profundidade principiológica. Como lembra Francisco Borges Motta, a partir de Ronald Dworkin: "para quem considera o ficha limpa um erro, houve 'coerência no erro'. É para isso que serve o padrão integridade, para que a coerência seja de princípio (e no acerto)".

Em outras palavras: a coerência só pode ser sustentada diante de uma decisão que respeite o conjunto normativo que dá conteúdo a um sistema jurídico (por isso coerência e integridade são padrões que são sempre compreendidos conjuntamente). Portanto, novamente esse julgamento foi um equívoco – julgou inconstitucional o próprio texto constitucional.

---

[113] Para um tratamento adequado da questão da mutação constitucional, Cf. PEDRÓN, Flávio. *Mutação Constitucional na Crise do Positivismo Jurídico*. Belo Horizonte: Arraes Editores, 2012, *passim*.

Mas e agora? Observemos bem alguns pontos: essa decisão do STF é resultado de controle de constitucionalidade incidental, uma vez que a matéria foi levada ao Plenário. Mas, olhando bem, nesse caso, sequer houve declaração incidental, porque foi uma interpretação da Constituição e, ao que se sabe, não há dispositivo do CPP declarado inconstitucional. E aí está o problema: não há como contornar o que diz, claramente, o art. 283 do CPP (é de 2011 essa redação):

> "Ninguém poderá ser preso senão em flagrante delito ou por ordem escrita e fundamentada da autoridade judiciária competente, *em decorrência de sentença condenatória transitada em julgado* ou, no curso da investigação ou do processo, em virtude de prisão temporária ou prisão preventiva."

Em primeiro lugar, não há dúvida sobre o que diz esse dispositivo. Todos sabemos o que é sentença condenatória transitada em julgado. Segundo: no do voto do Ministro-Relator Teori Zavascki, não se encontra sequer menção ao art. 283 do CPP. Também na declaração final do dispositivo é possível detectar qualquer coisa nesse sentido. Consequentemente, esse dispositivo continua hígido, correto? Para tanto, com toda a vênia, vamos, então, usar Zavascki contra Zavascki. Era do saudoso Teori Zavascki, quando ainda no STJ, o brilhante voto na Recl. 2.645, que afirma: não se admite que seja negada aplicação, pura e simplesmente, a preceito normativo *"sem antes declarar formalmente a sua inconstitucionalidade"*. Enunciado irretocável; exemplo de resposta correta: não se pode deixar de aplicar um texto normativo sem lhe declarar, formalmente, a inconstitucionalidade. Esta é, aliás, a primeira das seis hipóteses pelas quais o Judiciário está autorizado a não aplicar uma lei que aparecem no livro *Verdade e Consenso*.[114] Por tais motivos, é insofismável a afirmação no sentido de que o artigo 283 do CPP continua válido. Logo, aplicável.

Consequentemente, se esse dispositivo não foi declarado inconstitucional, então houve o quê? Interpretação do instituto da prisão provisória à luz da Constituição Federal? Mais: esse novo entendimento não deu azo a uma súmula vinculante. E nem poderia, mesmo que tivesse 8 votos, porque a CF é clara, em seus limites semânticos, no sentido de que são necessárias várias

---

[114] Cf. STRECK, Lenio Luiz. *Verdade e Consenso,* op. cit., passim.

decisões (reiteradas!). Portanto, na medida em que não é cabível a tese da abstrativização do controle difuso (lembrando que a Recl. 4.335 virou uma SV) porque, no caso, nem declaração de inconstitucionalidade houve, não caberá reclamação da decisão de um tribunal que resolva não aplicar a nova posição do STF.

Diante disso, há duas formar a partir das quais a comunidade jurídica poderá se orientar, gostemos ou não do resultado, a partir do posicionamento do STF: por imposição legislativa (as súmulas vinculantes – sem embargo das críticas – são exemplos disso) ou por coerência jurisprudencial. Não se vislumbra, para esse caso, a aplicação de nenhuma das hipóteses. Assim, a conclusão necessária é a de que os tribunais de segundo grau não estão vinculados a essa decisão; não existe nenhum dever jurídico-constitucional de obediência a ela. Aliás, foi assim que o ministro Celso de Mello se manifestou: "Os juízes e tribunais da República poderão perfeitamente entender de forma diversa".[115] Frisa-se: isso é assim pelas razões acima expostas e também por mais por uma: o dispositivo que trata da presunção da inocência no CPP continua válido.

Enfim, ainda que tenha sido firmado em 2016, do ponto de vista da investigação jurídica, esse é um entendimento recente, isolado, ainda não amadurecido, portanto, precário. De nossa parte, pensamos que devemos levar a sério o texto constitucional. Nesse sentido, imperioso considerar os limites semânticos (no sentido hermenêutico da palavra). Essa questão assume maior risco quando se trata de cláusula pétrea. Com todo respeito que nutrimos pelo Judiciário e pela Suprema Corte, nossa conclusão é de que o entendimento que prevaleceu no julgamento do HC 126.292 não é bom para a democracia.

Além disso, a matéria não foi submetida a debate. Por sinal, não é o que se tem falado do contraditório, por ocasião do novo Código de Processo Civil? Como lembra Dierle Nunes, quer-se garantir influência e não surpresa aos jurisdicionados. Isso tem um alcance paradigmático. Transcende os casos isolados. Bem por isso, a nova sistemática processual civil (e tanto mais deveria valer na esfera penal) fala na necessidade de amplos debates para

---

[115] CELSO de Mello e Marco Aurélio comentam mudança na jurisprudência do STF. *Consultor Jurídico*, 7 de out. 2016, São Paulo. Disponível em <https://www.conjur.com.br/2016-fev-18/decanos-supremo-comentam-virada-jurisprudencia-corte>. Acesso em 11.09.2018.

que tribunais modifiquem sua jurisprudência, só para ficar na correção procedimental. E mesmo com tudo isso, mesmo com o mais participativo dos procedimentos, não dá para transformar gato em cachorro, nem que ocasionalmente façamos um pacto em torno disso. Há uma dimensão substantiva que não está à nossa livre disposição, não pode ser simplesmente convencionada pelas maiorias de ocasião. Temos uma Constituição! Ela serve para isso, é garantia!

3.2.4.2. ADCs 43 e 44

Dando continuidade à análise sobre a (nova) interpretação do STF com relação ao princípio da presunção de inocência, apreciaremos agora alguns pontos que decorrem das Ações Declaratórias de Constitucionalidade que foram propostas e que, a despeito de toda polêmica causada no início de 2018, continuam aguardando julgamento pelo plenário do Tribunal.

Com efeito, conforme já lembramos em tópico anterior a respeito da motivação das decisões judiciais, existe uma técnica para salvar um texto jurídico, chamada "interpretação conforme a Constituição". A referida medida surgiu para os casos em que a nulificação de uma lei pode vir a causar maiores problemas do que se ficasse hígida no sistema. Esta é a *ratio*. Caso contrário, a lei seria fulminada. Por isso, nesses casos, dá-se uma interpretação à lei, adaptando-a à Constituição. Portanto, a Interpretação Conforme à Constituição é, na verdade, uma adição de sentido. O texto permanece como está e se adiciona (*Sinngebung* – atribuição de sentido) um sentido que adeque a lei à Constituição.[116] A fórmula é: este dispositivo só é constitucional se entendido no sentido de x.

A Interpretação Conforme à Constituição é uma declaração positiva, ou seja, é uma decisão interpretativa de improcedência da ação que visava inquina-la de inconstitucional, que ocorre quando uma determinada lei é considerada como constitucional pelo tribunal (constitucional), *desde que ela seja interpretada num sentido conforme a Constituição* (interpretação adequadora). Já a nulidade parcial sem redução de texto (*Teilnichtiklärung*

---

[116] Nesse sentido, Cf. STRECK, Lenio Luiz. *Jurisdição Constitucional*. 4 ed. Rio de Janeiro: Forense, 2018, *passim*.

ohne Normtextreduzierung) é uma decisão interpretativa de procedência (*ou de procedência parcial*), ou inconstitucionalidade parcial qualitativa, ideal, ou vertical, ou, ainda, decisão redutiva qualitativa. Na inconstitucionalidade parcial sem redução de texto, ocorre a exclusão, por inconstitucionalidade, de determinada(s) hipótese(s) de aplicação (*Anwendungsfälle*) do programa normativo, *sem que se produza alteração expressa do texto legal.*

Isto quer dizer que, para que o Judiciário não aplique o art. 283, ele deve dizer que ele é inconstitucional. Aliás, isso está escrito no art.28 da Lei 9.868, que trata dos efeitos cruzados: uma ADI julgada improcedente se "transforma" em ADC e uma *ADC julgada improcedente* tem os efeitos da ADI.

Lendo os votos, em especial os votos dos Min. Fachin e Barroso, constata-se que o STF está criando um curioso hibridismo nos institutos de ADI e ADC. A decisão do Min. Fachin, que foi seguida pelos demais, tem no seu dispositivo o seguinte:

"Voto por declarar *a constitucionalidade do art. 283 do Código de Processo Penal*, com interpretação conforme à Constituição, que afasta aquela conferida pelos autores nas iniciais dos presentes feitos segundo à qual referida norma impediria o início da execução da pena tão logo esgotadas as instâncias ordinárias, assentando que é coerente com a Constituição o principiar de execução criminal quando houver condenação confirmada em segundo grau, salvo atribuição expressa de efeito suspensivo ao recurso cabível."

Em primeiro lugar, se isso é verdadeiro, afastadas as interpretações de que fala o Ministro, nada resta do dispositivo. É inconstitucional, mas, ao mesmo tempo, é constitucional? (uma norma jurídica poderia, ao mesmo tempo, proibir e permitir um mesmo comportamento?) Em segundo lugar, quem pretende declarar a constitucionalidade do art. 283 são os subscritores das ADCs 43 e 44. Portanto, quem dá provimento às ADCs está dando razão aos peticionários e sufragando a constitucionalidade do dispositivo, como deixou claríssimo a Min. Rosa Weber no seu voto. Estranhamente, vejo nos votos vencedores que eles "declaram a constitucionalidade do art. 283 com interpretação conforme". Só isso já daria razão à Ordem dos Advogados do Brasil e ao Partido Ecológico Nacional (autores das ações). Vejamos: se a ICC é uma decisão parcial positiva e é, sempre, *uma decisão interpretativa de rejeição* – porque rejeita *a leitura inconstitucional de uma parte ou sentido* –, como se pode fazer isso no bojo de ADC? Logicamente incongruente. Frise-se: nenhum país do mundo tem ADC; não há declaração positiva de constitucionalidade. *A ICC foi feita exatamente por isso*. Já que não há ação positiva, criou-se uma maneira de salvar textos. No Brasil, fez-se o contrário nas ADCs 43 e 44.

Mas, o que quereria significar o que segue no dispositivo do voto? Leiamos, de novo: *Uma interpretação conforme que afaste a interpretação que os autores queriam*. Ou seja: os autores queriam que onde está escrito que o art. 283 diz x, o STF dissesse que, de fato, está escrito x. Ou dissesse que é *não-x*. Só que o STF, por maioria, deu interpretação conforme ao mesmo dispositivo 283 para dizer que ele não diz o que os autores dizem que ele diz. Mas, afinal, o que então, diz o art. 283? Sua interpretação deverá ser a *contrario sensu*, uma vez que o Relator diz que deve ser afastada a interpretação que os autores propõem?

Ou seja, no plano teórico, é abissal o problema que o próprio STF criou. Para a Corte não aplicar o art. 283, a sua maioria tem (teria) de dizer *que esse artigo vai contra a Constituição*. No todo ou em parte. Por isso existe a ADC. O que o STF não pode fazer é, ao mesmo tempo dizer que ele vale e que ele não vale, quer dizer, "ele vale se lido em conformidade com a Constituição".

Por que, então, o STF não diz que o art. 283 é inconstitucional? Se ele não tem nada a ver com a execução provisória, como disse o Ministro Barroso (ele chegou a dizer que quem defende isso faz uma ficção!), então porque não diz claramente que o dispositivo contraria a Constituição? Ou que ele é absolutamente inaplicável. *Por que "salvá-lo" de si mesmo*?

Parece que o STF criou uma nova técnica de interpretar: em vez de *verfassungskonforme Auslegung,* estabeleceu uma *Auslegung gegen die Verfassung* (interpretação contra a Constituição) ou, em outra versão, *verfassungsnichtkonforme Auslegung* – interpretação em desconformidade).

O Min. Marco Aurélio já alertou, implicitamente, para o problema que se criou. Há seis votos que, acompanhando o voto dissidente do Min. Edson Fachin, declaram a constitucionalidade do art. 283 mediante interpretação conforme a Constituição. Eis o imbróglio.

É evidente que sabemos que existem modos intermediários para não dizer que algo é inconstitucional. Por isso expliquei no início o sentido das duas técnicas mais famosas. Mas não sabíamos que havia um modo intermediário para dizer que algo era constitucional no bojo exatamente de ADC. Afinal, se uma lei tem presunção de constitucionalidade (em uma democracia constitucional), *por qual razão se daria a ela uma interpretação conforme para dizer que ela é constitucional se é exatamente o que os autores da ADC alegam?*

Numa palavra final, poderia ter analisado o julgamento por outras óticas. Por exemplo, a partir da distinção em julgamento por princípio e por política, de que fala Dworkin. Nitidamente, o STF, por sua maioria, fez um julgamento por política, conforme se vê nas argumentações. Disseram como deve ser o Direito Penal. E não como ele é a partir do que o parlamento votou.

E, aqui o argumento derradeiro: nenhum Ministro dos que formaram a maioria *disse que o art. 283 feria a Constituição em algum ponto*. Não há uma palavra no sentido de que o art. 283 era, minimamente, inconstitucional. Ora, isso tem consequência: *Se em nenhum ponto ele fere a CF, então ele é constitucional.* Ou o STF deve confessar que agiu como Poder Constituinte. Simples assim. *Tertius non datur.* Dar-lhe uma interpretação conforme sem dizer em que ponto ele é inconstitucional é fazer um julgamento *citra e extra petita*.

Uma coisa não pode ser x e ao mesmo y. Se nada no art. 283 é inconstitucional (pelo menos não vi – e peço desculpas se me passei em algo – nenhuma menção a que alguma expressão, parte ou todo do art. 283 seria contrário a CF), todo ele é constitucional. Em que sentido caberia interpretá-lo em conformidade à Constituição, se ele diz o que a Constituição diz? Interpretando-o em conformidade à CF, o STF salva o dispositivo de si mesmo. Uma estranha tautologia negativa. Ou uma fagocitose jurídica.

3.3. Motivação das decisões

Por tudo o que até aqui foi dito, fica claro que o dever de fundamentar as decisões ocupa um lugar privilegiado no modo como se passa a olhar para as garantias processuais penais em tempos de Estado Democrático de Direito. Isso porque, se antes de 1988 a luta das vertentes críticas da Teoria do Direito era pela incorporação dos direitos fundamentais e das garantias processuais no seio de uma Constituição democrática, em nosso contexto atual, as armas se voltam para outro alvo: concretizar o extenso rol de direitos consagrados pela Constituição. Diante disso, o grande problema contemporâneo não é a pergunta pelos fundamentos dos direitos – estes já estão generosamente consagrados nos textos das Constituições democráticas –, mas sim estabelecer as condições para que estes direitos sejam concretizados no plano da operacionalidade jurídica. Isso, por si só, representa um problema hermenêutico que deve ser respondido, como já reiterado, por uma Teoria da Decisão Judicial.

Sob o ponto de vista da concretização dos direitos, o problema da motivação das decisões assume um lugar cimeiro pelo singelo motivo de ser através dos fundamentos nela consignados que a comunidade jurídica pode (e deve) fazer a devida "censura significativa" principalmente naquelas decisões de natureza terminativa, tais quais são as decisões prolatadas pelos Tribunais Superiores, como é o caso do próprio STF.

Na contramão desse processo, vivenciamos uma forte tendência reformista no sentido de sacrificar o aspecto qualitativo da prestação jurisdicional, em favor de uma espécie de aceitação institucional de "flexibilização do dever de fundamentar": por motivos pragmaticistas – morosidade da justiça, excesso de demandas, falta de serventuários etc. –, criam-se mecanismos de reprodução por atacado de decisões judiciais.

3.3.1. A motivação das decisões e a (in)validade de acórdão que repete, sem a necessária contextualização, os argumentos da sentença

No âmbito do processo penal, é fácil perceber como algumas das decisões que decretam prisões cautelares, por exemplo, descumprem o comando constitucional presente no art. 93, IX. Um caso particularmente interessante são os acórdãos que repetem, integralmente, os fundamentos lançados na sentença, desconsiderando o fato de que, no caso de uma ação de impugnação ou de um recurso em espécie, o pedido está ligado, diretamente, à necessidade de revisão da decisão prolatada pelo juízo *a quo*, o que implica inconformidade com os argumentos explicitados na decisão. A simples repetição destes argumentos, sem o devido confronto com a insurgência do recorrente, constitui uma lesão às garantias processuais.[117]

O STF não tem tomado o melhor caminho na discussão dessa matéria. Com efeito, em várias delas, tem entendido o Tribunal que a simples repetição pelo acórdão dos argumentos lançados na sentença cumpre a exigência constitucional. De todas essas decisões, duas se apresentam com singular relevo. A primeira delas tem a seguinte ementa:

> *"Habeas Corpus*. Acórdão que adota os fundamentos da sentença de primeiro grau como razão de decidir. Ausência de violação do art. 93, IX da CF. Precedentes do STF. 1. Não viola o art. 93, IX da Constituição Federal o acórdão que adota os fundamentos da sentença como razão de decidir. 2. Ordem de *habeas corpus* denegada."[118]

Ora, no Estado Democrático de Direito, mais do que fundamentar uma decisão, é necessário justificar (explicitar) o que foi fundamentado, o que torna injustificável a aceitação de que a repetição literal dos fundamentos da sentença não eiva de nulidade o acórdão proferido. Aliás, tão inaceitável quanto essa reprodução irrefletida dos argumentos da sentença é a proliferação dos embargos declaratórios nos tribunais da República (e, não raras vezes, em face da negativa de os tribunais explicitarem o que foi decidido, obriga a interposição de REsp contra a negativa de vigência do dispositivo legal que confere o "direito a embargar" decisões não plenamente fundamentadas).

Fundamentar a fundamentação, eis o elemento hermenêutico pelo qual se manifesta a compreensão do fenômeno jurídico. Não há princípio constitucional que resista à falta de fundamentação; não há embargo declaratório que possa, posteriormente à decisão, restabelecer aquilo que é a sua condição de possibilidade: o fundamento do compreendido; não há acórdão que possa

---

[117] Isso não significa, a toda evidência, que o acórdão não possa fazer referência aos argumentos desenvolvidos na sentença. Mas é preciso que isso seja feito de forma a enfrentar a desconformidade expressada pelo recorrente. O grande problema ocorre no momento em que o Tribunal – ou o Colégio Recursal no caso dos Juizados Especiais Criminais – faz uma remissão genérica aos fundamentos da sentença, julgando improcedente o recurso interposto.

[118] Cf. HC 98.814/RS *DJ*. 23.06.2009

ser considerado válido se não se pratica – no âmbito do próprio tribunal – a explicitação do compreendido, oferecendo um sério enfrentamento das questões levantadas pela parte recorrente.

3.3.2. Um caso específico de "desvio" legislativo ao dever constitucional de fundamentar as decisões: necessidade da Interpretação Conforme a Constituição do § 5º do art. 82 da Lei 9.099/95

Outra questão importante, ainda nessa seara, aparece no seguinte julgado:

> "*Habeas Corpus*. Colégio recursal de Juizado Especial. Apelação. Não-provimento. Remissão aos Fundamentos da Sentença. Ausência de Fundamentação. Inocorrência. O § 5º do artigo 82 da Lei n. 9.099/95 faculta ao Colégio Recursal do Juizado Especial a remissão dos fundamentos adotados na sentença, sem que isso implique afronta ao artigo 93, IX, da Constituição do Brasil."[119]

Na linha daquilo que foi dito anteriormente, não é possível aceitar que um acórdão – ainda que seja oriundo de Colégio Recursal de Juizado Especial – reitere genericamente os argumentos da sentença ou mesmo que os repita em sua literalidade. No caso do HC 86.533/SP, a questão é ainda mais complexa, porque envolve um problema de filtragem hermenêutico-constitucional do § 5º do art. 82 da Lei 9.099/95. Com efeito, tal regra apresenta um problema quando estabelece que *"se a sentença for confirmada pelos próprios fundamentos, a súmula do julgamento servirá de acórdão"*.

De se consignar, entretanto, que o dispositivo não é de todo inconstitucional, sendo que o STF poderia já ter elaborado essa solução. É possível salvá-lo a partir de uma *interpretação conforme à Constituição (verfassungskonforme Auslegung)*. Porém, se lido como quer a 2ª Turma do STF, há uma inconstitucionalidade evidente, consubstanciada na aceitação de fundamentos genéricos – a simples súmula do julgamento – para decisão do órgão colegiado.

---

[119] Cf. HC 86.533/SP *DJ*. 18.11.2005.

Na verdade, o disposto no § 2º do art. 82 só pode ser tido por constitucional se lido da seguinte forma: se a sentença for confirmada pelos próprios fundamentos, a súmula do julgamento servirá de acórdão, *desde que sua aplicação seja devidamente fundamentada*. Apenas desse modo, o referido dispositivo não ofenderia o inciso IX do art. 93 da CF. Isso é assim porque um enunciado sumular – seja ele vinculante ou não – é um texto e, como qualquer texto, ele terá que ser compreendido e interpretado.[120]

Portanto, para cumprir a exigência constitucional da motivação das decisões é absolutamente necessário que sempre se explicite o compreendido, justificando – no contexto da cadeia integrativa do Direito – porque a compreensão apresentada é a melhor que se estabelece para solução da demanda.

Destarte, se não restam dúvidas de que a hermenêutica a ser praticada no Estado Democrático de Direito não pode deslegitimar o texto jurídico-constitucional produzido democraticamente – e tudo isso assentado em um forte controle acerca da compatibilidade até mesmo das reformas feitas à Constituição –, parece evidente que esse Estado (e, portanto, a sociedade) "não é indiferente às razões pelas quais um juiz ou um tribunal toma suas decisões. O direito, sob o paradigma do Estado Democrático de Direito, cobra reflexão acerca dos paradigmas que informam e conformam a própria decisão jurisdicional".[121] Há, pois, uma forte responsabilidade política dos juízes e tribunais, e tal circunstância foi albergada no texto da Constituição do Brasil, na especificidade do art. 93, IX, segundo o qual o juiz deve explicitar as condições pelas quais compreendeu.

O dever de fundamentar as decisões (e não somente a decisão final, mas todas as do *iter*) está assentado em um novo patamar de participação das partes no processo decisório. A fundamentação está ligada ao controle das decisões, e o controle depende dessa alteração paradigmática no papel das partes da relação jurídico-processual. Por isso, o protagonismo judicial-processual – que, como se sabe, provém das teses iniciadas por

---

[120] Sobre o problema das súmulas e a persistência da diferença entre texto e norma, ver: STRECK, Lenio Luiz. O efeito vinculante das súmulas e o mito da efetividade: uma crítica hermenêutica. In: *Constituição e Democracia – Estudos em Homenagem ao professor J. J. Gomes Canotilho*. São Paulo: Malheiros, p. 395-434.

[121] Cf. CATTONI DE OLIVEIRA, Marcelo Andrade (Coord.). *Jurisdição e hermenêutica constitucional*. Belo Horizonte: Mandamentos, 2004, p. 51.

Büllow, Menger e *Klein* ainda no século XIX – deve soçobrar diante de uma adequada garantia ao contraditório. Decisões de caráter "cognitivista", de ofício ou que, serodiamente, ainda buscam a "verdade real" pretendem-se "imunes" ao controle intersubjetivo e, por tais razões, são incompatíveis com o paradigma do Estado Democrático de Direito. Veja-se, nesse sentido, que a Corte de Cassação da Itália (n. 14.637/02) recentemente anulou decisão fundada sobre uma questão conhecida de ofício e não submetida pelo juiz ao contraditório das partes, chegando a garantir que o recurso deve vir já acompanhado da indicação da atividade processual que a parte poderia ter realizado se tivesse sido provocada a discutir. Em linha similar – e em certo sentido indo além –, o Supremo Tribunal de Justiça de Portugal (Rec. 10.361/01) assegurou o direito da parte controlar as provas do adversário, implementando a garantia da participação efetiva das partes na composição do processo, incorporando no *decisum* doutrina[122] no sentido de que o contraditório deixou de ser a defesa, no viés negativo de oposição ou resistência à atuação alheia, para passar a ser a influência, no sentido positivo do direito de influir ativamente no desenvolvimento do processo.

Já o STF[123] – embora historicamente venha impedindo a análise de recursos extraordinários que invoquem o aludido princípio – *dá sinais sazonais da incorporação dessa democratização do processo*, fazendo-o com base na jurisprudência do *Bundesverfassungsgericht*; é dizer, a pretensão à tutela jurídica – embora se tratasse de um processo administrativo – corresponde à garantia consagrada no art. 5°, LV, da CF, contendo os seguintes direitos: (a) direito de informação (*Recht auf Information*), que obriga o órgão julgador a informar a parte contrária dos atos praticados no processo e sobre os elementos dele constantes; (b) direito de manifestação (*Recht auf Äusserung*), que assegura ao defensor a possibilidade de manifestar-se oralmente ou por escrito sobre os elementos fáticos e jurídicos constantes do processo; (c) direito de ver seus argumentos considerados (*Recht auf Berücksichtigung*), que exige do julgador capacidade, apreensão e isenção de ânimo (*Aufnahmefähigkeit und Aufnahmebereitschaft*) para contemplar as razões apresentadas. O mesmo acór-

---

[122] Cf. LEBRE DE FREITAS, José. *Introdução ao processo civil.* Coimbra: Coimbra Editora, 1999, p. 96.

[123] MS 24.268/04, Rel. Min. Gilmar Mendes.

dão da Suprema Corte brasileira – da relatoria do Min. Gilmar Mendes – incorpora a doutrina de Dürig/Assmann, sustentando que o dever de conferir atenção ao direito das partes não envolve apenas a obrigação de tomar conhecimento (*Kenntnisnahmeplicht*), mas também a de considerar, séria e detidamente, as razões apresentadas (*Erwägungsplicht*).

A partir disso – uma vez que a consequência é o reforço do espaço de autonomia do direito e da força normativa da Constituição – tem-se que o dever fundamental de justificar as decisões assume especial relevância no plano da transparência do processo democrático de aplicação das leis. Destarte, as possibilidades de controlar democraticamente as decisões dos juízes (que transitam no terreno do contramajoritarismo) residem precisamente na necessidade da motivação/justificação do que foi dito. E esse dever de fundamentar as decisões não é meramente teleológico; é, também e fundamentalmente, um dever de esclarecimento acerca do estado da arte do processo sob apreciação; é uma *accountability* permanente.[124] Trata-se, pois, de um direito fundamental do cidadão, como, aliás, é posição assumida pelo Tribunal Europeu de Direitos Humanos. Afinal, se o Estado Democrático de Direito representa a conquista da supremacia da produção democrática e do acentuado grau de autonomia do direito, a detalhada fundamentação das decisões proporciona uma espécie de *accountability* jurídico-político em favor da sociedade.

Essa questão assume maior relevância ainda se atentarmos para o fato de que não há mecanismos exteriores de controle das decisões últimas do STFl, razão pela qual aumenta a responsabilidade da doutrina e da comunidade jurídica situada sempre no contexto maior da sociedade, onde se articulam os elementos últimos do funcionamento em termos de controle político-democrático, visto que o todo em que se insere a Constituição não possui fora de si referências a que se possa apelar como critérios de fundamentação (ausência de um *fundamentum inconcussum*).

---

[124] Cf. STRECK, Lenio Luiz. *Verdade e consenso,* op. cit., p. 601/602.

4. CONCLUSÃO: A EFETIVAÇÃO DAS GARANTIAS PROCESSUAIS-PENAIS COMO UMA QUESTÃO DE PRINCÍPIO

"Cualquier interpretación judicial deberia tener como fin una descripción coherente del orden jurídico en su conjunto".

Ronald Dworkin[125]

Um Estado Democrático de Direito apenas sobrevive, em todo seu esplendor, na medida em que as garantias processuais penais consagradas no texto das Constituições e das leis processuais têm sua concretização devidamente realizada pelos Tribunais. Nesse sentido, assume importância fundamental o reconhecimento de uma tarefa para a hermenêutica contemporânea: o desenvolvimento de anteparos para a atividade jurisdicional, sob pena de que os direitos e garantias inscritos na Constituição, ao invés de serem concretizados pela realização judicial do direito, sejam desvirtuados em uma não concretização.

Foi sob esse pressuposto que a presente obra foi desenvolvida, levando consigo, ainda, a ideia de que uma democracia não se faz com opiniões ou vontades subjetivas de alguns poucos – e privilegiados – "intérpretes da realidade". Em nosso contexto atual, a compreensão e a interpretação dessa "realidade" apenas pode se dar sob o manto da intersubjetividade que nos atravessa linguisticamente pela *tradição*. As decisões, portanto, precisam dar conta desse *magma de significações* (Castoriadis) em que se

---

[125] IGUALDAD, Democracia y Constitución: nosotros, el pueblo, en los tribunales. In: *El Canon Neoconstitucional*. CARBONELL, Miguel e GARCÍA JARAMILLO, Leonardo (orgs.). Madrid: Trotta, 2010, p. 146.

constitui o Direito de uma sociedade, revelando os argumentos de princípio que as sustentam. Esse é o grande desafio.

De todo modo, como pode ser percebido, é preciso notar que houve importantes avanços, principalmente no âmbito da jurisprudência do STF, no que tange ao modo de lidar com as garantias processuais penais. A questão da gravidade do crime e a presunção de inocência são fatores que apontam para uma principiologia decisória adequada à Constituição.

Mas atenção: também é evidente que esses avanços sempre começam pelos "estamentos" (ou quando estes estão envolvidos em querelas judiciais). Casos emblemáticos envolvendo o "andar de cima" da sociedade servem como *start* para alterações legislativo-jurisprudenciais. Lembremos, rapidamente, da Súmula 691 (caso Maluf),[126] contornada pelo próprio STF, em face do julgamento de um HC a favor de um ex-governador de Estado e deputado federal. Isto é, o avanço, no tocante ao exame de HCs pelo STF, mesmo sem a apreciação do STJ, deu-se de forma contingencial, como, de certo modo, ocorrera com a Lei Fleury.[127]

Se é verdade que o STF vem concedendo HC para acusados de furtar sabonetes em supermercados, também é verdade que, a um, os tribunais estaduais continuam resistentes a esses avanços advindos da jurisprudência do STF e, a dois, que os acusados pertencentes às camadas superiores da sociedade vêm se beneficiando dessa nova perspectiva garantista-constitucional que está sendo assumida principalmente pelo STF. Um exemplo interessante, no que tange à primeira hipótese: enquanto o STF aponta para a tese de que a gravidade do crime não "prende por si só", os Tribunais estaduais sistematicamente ignoram essa avançada interpretação feita pelo Tribunal Maior.

---

[126] Remetemos o leitor para o item 3.1.1. infra.

[127] A Lei nº 5.941/73, conhecida como "Lei Fleury", elaborada no período marcado pela ditadura no Brasil, foi criada para proteger o Delegado Sérgio Fernando Paranhos Fleury, que estava à frente da operação que matou Carlos Marighella. Apesar das inúmeras pressões e intimidações que o Promotor Hélio Bicudo estava sofrendo, ele havia conseguido reunir evidências suficientes para o indiciamento do delegado, e, segundo a lei vigente na época, os indiciados deveriam ser presos. Essa lei, então, alterou, entre outros, o art. 408 do Código de Processo Penal, dando a seguinte redação: "Art. 408 – Se o juiz se convencer da existência do crime e de indícios de que o réu seja o seu autor, pronuncia-lo-á, dando os motivos do seu convencimento. (...) § 2º *Se o réu for primário e de bons antecedentes, poderá o juiz deixar de decretar-lhe a prisão ou revogá-la, caso já se encontre preso*" (grifamos). Logo, foi neste contexto que o princípio da presunção da inocência foi introduzido na codificação.

Ainda no plano "jurisprudencial-contingencial", no ano de 2011, o STJ avançou em relação à tese dos frutos da árvore envenenada. Esse avanço se dá inclusive em relação à sua origem norte-americana, isto é, a decisão do STJ é mais radical do que aquela. Referimos, aqui, ao julgamento do HC 159.159/SP, envolvendo várias figuras pertencentes às camadas superiores da sociedade, impetrado por sócios da Construtora Camargo Corrêa, questionando a legalidade da *Operação Castelo de Areia,* realizada pela Polícia Federal com objetivo de investigar corrupção, lavagem de dinheiro, evasão de divisas, crimes financeiros, manipulação de concorrências, fraudes em editais, superfaturamento de obras públicas e financiamento de campanhas eleitorais por meio do chamado "caixa dois". Deflagrada em abril de 2009, a investigação resultou na abertura de três processos penais e de uma ação por improbidade – sem contar 32 procedimentos contra obras da Camargo Corrêa em todo o País. Por três votos a um, o STJ considerou ilegais as provas obtidas a partir de interceptações telefônicas realizadas com base em denúncia anônima, por entenderam que esse tipo de denúncia não pode ser o único fundamento para autorização judicial das "escutas". Em janeiro de 2010, o Presidente do STJ, Min. César Asfor, concedeu liminar para suspender a decisão do Tribunal Regional Federal de São Paulo (TRF/SP), que sustentava que as interceptações telefônicas haviam sido realizadas com autorização judicial.

Esses avanços, entretanto, apresentam-se de maneira *ad hoc*. Não há, por assim dizer, um "sentimento constitucional--processual" no bojo de tais discussões (no caso da decisão sob comento, careceu de o Tribunal explicitar com mais detalhes a história institucional do Direito aplicável à espécie, até para assentar que, a partir de agora, o Tribunal se pautará desse modo). Isto é, o processo penal tem avançado na medida em que alguns setores da sociedade, antes imunes ao braço penal do Estado, passaram a sofrer a persecução penal, fazendo com que as discussões acerca das garantias processuais-penais avançassem a passos largos. Não se pode negar, entretanto, que, paradoxalmente, esse modo de agir "por saltos" é/foi útil para o avanço de um processo penal de garantias. Volta-se, sempre, aquilo que se pode denominar de "Fator Fleury".

Essa evolução no campo das garantias processuais-penais, no entanto, nem de longe isenta o "sistema processual penal" pelos quase quinhentos mil presos nas penitenciárias brasileiras. Ou seja, avançamos em alguns pontos. E apenas isso. Questões prosaicas como a prisão por crimes que terão a pena – em caso de condenação – substituídas por penas não privativas de liberdade podem ser detectadas em todos os Estados da federação. Assim, prisões por furto, estelionato, apropriação indébita correspondem a um percentual acima de 20% no sistema carcerário.

Decisões mal fundamentadas, prisões decretadas com repetições de jargões *prêt-à-porters*... Eis uma imagem comum do funcionamento do processo penal, em um país em que, em vigor a lei da Lavagem de Dinheiro desde 1998, somente houve condenação em 17 ações penais nestes mais de 14 anos, enquanto, nesse mesmo período, mais de 150.000 pessoas foram parar nas prisões por furtos, estelionatos e apropriações indébitas. Torna-se evidente o quanto é fácil condenar alguém por delitos de furto, na medida em que é difícil condenar alguém pelo crime de lavagem de dinheiro. Ações penais temerárias, milhares de denúncias (aceitas) por contravenções penais (que sequer foram recepcionadas pela nova Constituição); laudos periciais assinados por policiais e por "peritos leigos" validados por juízes e tribunais; desrespeito por parte dos juízes – e pelos Tribunais, inclusive pelo STJ – da regra do art. 212 do CPP que estabeleceu a forma acusatória de inquirição de testemunhas; utilização de "princípios gerais do direito" em plena era dos princípios constitucionais: eis um retrato de como as garantias processuais penais ainda estão longe de chegar ao andar de baixo da sociedade.

Assim, para efeitos destas reflexões, mister elencar alguns resultados mencionados no decorrer do texto:

I – As garantias processuais – no âmbito do processo penal – estão amarradas em um eixo comum que é o sistema acusatório. A partir deste eixo são organizadas as principais garantias aqui retratadas, tais como a ampla defesa, a presunção de inocência, o devido processo legal, etc. No que tange ao modo como o STF vem lidando com o princípio acusatório, destacamos três decisões importantes: as duas primeiras relativas ao papel do juiz na condução do processo e a última sobre a obrigatoriedade do advogado para as causas criminais de competência dos juizados especiais federais. Sobre o problema do papel do juiz, o STF), nesse ponto acompanhado por boa parte da doutrina e jurisprudência que encobrem o sentido correto do sistema acusatório através da aceitação de medidas tipicamente inquisitórias, exarou inúmeras decisões entendendo caber ao alvedrio do juiz – ou ao seu poder discricionário – a decisão sobre a produção antecipada de provas. Neste caso, o STF adotou uma medida típica dos modelos inquisitoriais de processo, atribuindo o modelo de "gestão da prova" à figura do juiz-presidente da instrução. Neste ponto, o Tribunal Maior deixou escapar a oportunidade de homenagear – de modo significativo – o princípio acusatório;

II – Nessa seara – implementação do sistema acusatório – a Suprema Corte proferiu uma decisão que representou um reforço às velhas e equivocadas teses acerca do processo penal. Como já demonstrado, referimo-nos à decisão denegatória de HC na hipótese da violação do art. 212 do CPP. Entre outras questões, o que exsurge dessa posição é que o STF deixou de aplicar um dispositivo legal sem declará-lo inconstitucional ou elaborar alguma forma de sentença interpretativa. Uma decisão calcada em princípio não pode deixar de aplicar uma disposição legal votada democraticamente invocando um "princípio geral de direito", como é o caso do vetusto "não há nulidade sem prejuízo". Por se tratar de uma regra procedimental que introduz o sistema acusatório no modo de inquirição de testemunhas, o seu não cumprimento explícito pelo juiz acarreta violação de direitos fundamentais, mormente no caso de condenação. Como aferir a "ausência de prejuízo" se o réu foi condenado?

III – Nesse contexto, preocupa-nos, sobremodo, o silêncio "eloquente" da comunidade jurídica acerca do não cumprimento de uma regra procedimental do quilate da que consta no art. 212 do CPP. Com raras exceções (Flaviane Barros, Jacinto Coutinho, Aury Lopes Jr,), a doutrina quedou-se silente, ficando a reboque dos Tribunais. O STJ, nos acórdãos em que vem negando a aplicação do dispositivo, buscou guarida em Guilherme Nucci e Luis Flávio Gomes. O primeiro dizendo que a inovação não supera a praxe[128] e o segundo afirmando que somente a partir de uma "leitura apressada" (*sic*) é que se poderia entender que houve alterações na ordem de inquirição.[129] Trata-se de mais um dos paradoxos do Direito brasileiro e que evidencia a sua (permanente) crise, fruto do sentido comum teórico que forja o imaginário

---

[128] Cf. STJ HC 121215/DF.
[129] Cf. STJ HC 121215/DF.

jurídico prevalecente: historicamente, a dogmática jurídica teve – e em alguns aspectos ainda tem – enormes dificuldades para superar os cânones do positivismo exegético. Convencer a comunidade jurídica de que texto e norma são coisas diferentes custou enorme esforço, ainda sem uma perspectiva de efetiva concretização. Basta dizer que, quando o CPP não estabelecia a obrigatoriedade do defensor nos interrogatórios, também o mesmo STJ – fundado em expressivos nomes da dogmática jurídica – anulava os acórdãos que faziam essa exigência. Qual era o argumento do STJ? A lei não exigia a presença do defensor. Ou seja, mesmo que a Constituição estabeleça a ampla defesa, o STJ comportava-se exegeticamente. Agora, quando há um texto jurídico (uma lei), cuja norma nem de longe pode ser inquinada de inconstitucional, determinando uma nova forma de inquirição de testemunhas, parcela do STJ assume um comportamento voluntarista. Daí a nossa indagação: quando é que uma lei deve ser aplicada? Ou, para parafrasear um dos autores que sustenta(ra)m a tese da não aplicação do art. 212, "quando é que devemos fazer uma leitura *não apressada* de uma regra de direito fundamental"?

IV – De todo modo, ainda no que tange ao "processo acusatório", o STF andou bem no julgamento da ADI 3168-DF ao exigir – através de uma interpretação conforme à Constituição – a defesa através de advogado constituído nas causas criminais de competência dos Juizados Especiais Federais, em face da garantia da ampla defesa e paridade de armas;

V – Para além desses pontos, a questão mais recorrente enfrentada pelo STF quanto às garantias processuais – e aqui nossa Suprema Corte avançou sobremodo – certamente foi sobre o problema da presunção da inocência e a decretação das prisões cautelares (que antecedem o trânsito em julgado e, por isso, são consideradas sob o ponto de vista estritamente processual, ou seja, são decretadas tendo em vista a garantia do trâmite e resultado do processo). Nesse sentido, o plenário da Corte decidiu questões importantes em sede de HC, repudiando qualquer tipo de execução antecipada da pena – o que descaracteriza o caráter processual da prisão cautelar – chegando ao ponto, inclusive, de entender inconstitucional o art. 637 do CPP que retirava o efeito suspensivo dos recursos extraordinários interpostos em matéria criminal, tudo em nome da presunção de inocência;

VI – Uma questão bastante delicada diz respeito ao problema da decretação da prisão preventiva – sob o argumento da garantia da ordem pública – tendo em vista a "gravidade do crime". Nesse caso, o Tribunal se move em uma ambiguidade que acaba por se cristalizar no sentido de que, quando o crime imputado ao acusado é cometido com emprego de violência, sua gravidade enseja a preventiva, ao passo que crimes não violentos não podem ser considerados a partir de sua gravidade. Na verdade, a gravidade do crime não pode ser considerada um problema *a priori*. O problema está no uso que dela se faz. Quando o Tribunal aceita o argumento da gravidade do crime de maneira genérica, desconsiderando o sentido motivacional que a enseja, há um erro que pode transformar a prisão processual em verdadeira execução antecipada da pena. Isso acontece quando se separa, antecipadamente, crimes cometidos com violência de crimes cometidos sem violência, por exemplo. Na verdade, *em ambos os casos a prisão preventiva pode ser decretada, desde que os fundamentos concretos estejam revelados na decisão*. Quer dizer, há um caminho a ser percorrido pela decisão até chegar à gravidade do crime. Esse caminho não pode sofrer um encurtamento através de um atalho universalizante – que considera a gravidade abstratamente, como se fosse um enunciado performativo – mas deve ser reconstruído sempre, a cada decisão;

VII – Desse modo, como sempre voltamos ao problema da fundamentação das decisões, uma garantia que não pode ser desconsiderada em sede de processo penal é a da motivação das decisões. Isso porque ela representa a "garantia de uma garantia", isto é, a motivação das decisões *é uma blindagem contra arbitrariedades autoritárias que desconsideram qualquer uma das demais garantias.* Por isso, não é possível concordar com as decisões do STF que entendem cumprir o requisito constitucional apenas remetendo, de maneira genérica, aos argumentos da sentença de primeira instância ou, no limite, fazendo sua reprodução literal. Nesse sentido, é preciso frisar que o disposto no § 2º do art. 82 – que institucionaliza uma tal medida no âmbito dos juizados especiais – só pode ser tido por constitucional (Interpretação Conforme à Constituição) se lido da seguinte forma: se a sentença for confirmada pelos próprios fundamentos, a súmula do julgamento servirá de acórdão, *desde que sua aplicação seja devidamente fundamentada*;

VIII – O intérprete deve estar atento à tradição (e à sua autoridade), compreender os seus pré-juízos como pré-juízos, promovendo uma reconstrução do direito, perscrutando de que modo um caso similar (não somente à ementa, é evidente, lembrando, aqui, a questão hermenêutica representada pelo grau de objetivação abrangente que cada decisão deve ter/conter) vinha sendo decidido até então, confrontando a jurisprudência com as práticas sociais que, em cada quadra do tempo, surgem estabelecendo novos sentidos às coisas e que provocam um choque de paradigmas, o que valoriza, sobremodo, o papel da doutrina jurídica e a interdisciplinaridade do direito;

IX – Dito de melhor maneira, as garantias processuais representam um ótimo exemplo sobre o que seja uma *questão de princípio*, na linha do *A Matter of Principle*, de Dworkin. Elas não estão à disposição dos intérpretes, sejam eles juízes, promotores ou advogados. Não podem, em igual sentido, ser objeto de manipulação ideológica quando se coloca ênfase ao mito rousseauniano do "bom selvagem" ou mesmo no sentido de as colocar, novamente, à disposição do Estado e seus agentes punitivos. Mais do que isto, as garantias se apresentam como construções históricas que o processo civilizatório legou para o direito.

Assim, devemos ficar alerta para a dimensão assumida pelas garantias processuais no momento da decisão. O Direito brasileiro, nesta quadra da história, sofre com um processo de profunda fragmentação da jurisprudência, fruto também do sincretismo teórico que domina parcela considerável da doutrina, mormente aquela que cuida da assim denominada dogmática jurídica. De fato, não é necessário muito esforço para perceber que é ainda incipiente, para não dizer inexistente, a preocupação por parte de nossos Tribunais com a coerência das decisões face a um contexto maior que envolve, além da cadeia narrativa a ser composta pelas decisões anteriores, também uma imersão na moralidade de nossa comunidade política.

A despeito disso o que pode ser observado é que, ao mesmo tempo em que o STF, em alguns importantes aspectos, avança na questão da interpretação das garantias processuais penais – veja--se a importante questão da presunção da inocência e da gravidade do crime – , a maioria dos tribunais inferiores permanecem indiferentes ao conteúdo dessas mesmas decisões. Do mesmo modo, o STF, pelo menos até este momento, manteve-se inerte em relação a, por exemplo, discussão relacionada ao sistema acusatório, em especial ao art. 212 do CPP, que, ao menos por uma das suas Turmas, foi reconhecido pelo STJ. Nota-se, portanto, certa dificuldade para se estabelecer condições para que essas decisões – que podem ser tidas como corretas – sejam capilarizadas;

X – A fragmentação teorético-jurisprudencial acaba representando, paradoxalmente, um avanço e um retrocesso. De um lado, a confiança depositada na jurisdição para a efetivação das garantias provocou um crescimento do protagonismo judicial. De outro, pela ausência de uma cultura preocupada com a coerência e a integridade do sistema jurídico (e das decisões, problemática que reclama uma Teoria da decisão), tem-se uma fragilização da aplicação das garantias processuais-penais. Ou seja, na medida em que não capilarizamos os avanços proporcionados pelos Tribunais Superiores (quando existem, é claro), construímos um conjunto de decisões *ad hoc*, transformando, por exemplo, a discussão da "gravidade do crime" em uma quimera, dependente sempre da opinião pessoal do juiz ou do órgão fracionário. Um sintoma dessa problemática pode facilmente ser detectada na aplicação, corriqueira, do "princípio" (*sic*) da confiança no juiz da causa pelos Tribunais da República como justificativa para negar ou conceder HC, como se as garantias fundamentais estivessem à disposição do julgador.

Por tais razões, torna-se necessário elevar a "questão das garantias processuais-penais" ao patamar de "uma questão de princípio", isto é, ter em conta a relevante circunstância de que cada decisão emanada do STF – em especial deste, por seu o guardião da constitucionalidade – pode/deve ser retirado um princípio. *Pode*, porque, nem sempre, estaremos diante de uma decisão correta/adequada que possa ser justificada, de forma consistente, à Constituição e ao Direito da comunidade política; *deve*, sempre que a decisão do Supremo, submetida aos testes da adequação e justificação ao contexto constitucional em que a decisão se encontra inserida, for tida como correta/adequada. Nesse último caso, o que determina o acerto da decisão é a possibilidade de ser dela extraída um princípio que ofereça legitimidade. Assim, por exemplo, do conjunto de decisões acerca da gravidade do crime, podemos extrair o seguinte princípio: *"nenhuma prisão pode ser decretada com base no argumento da gravidade do crime, se a motivação vier desacompanhada de outro fundamento jurídico*". Tal princípio deve ser considerado, ainda que não explicitamente, em *todas* as decisões posteriores que se acharem envolvidas com o problema da prisão cautelar em face da gravidade do crime. O descumprimento deste princípio, no limite, pode manifestar-se como uma inconstitucionalidade, na medida em que este – o princípio – passou a fazer parte do contexto normativo da Constituição;[130]

XI – Nesse sentido, é possível afirmar que as garantias processuais compõem o pano de fundo da moralidade que perpassa toda a comunidade política. Assim, discutir garantias é discutir sobre as condições de legitimação sob as quais está assentado o uso da força por parte do Estado. A legitimação desse uso é, em essência, tarefa dos princípios!

Numa palavra – e voltando para *O Processo*, de Kafka: no livro há uma importante estória, que representa um mito chamado por Kafka de "diante da lei". A *estória* é conhecida: diante da lei está postado um guarda. Até ele chega um camponês que lhe pede que o deixe entrar na lei. O guarda responde que nesse momento não é permitido entrar. Entretanto, a grande porta da lei está aberta de par a par, como sempre, e o camponês se põe a olhar para o interior através da porta. Percebendo isso, o guarda desata a rir e diz ao homem: "se tanto te atrai entrar, procura fazê-lo não obstante minha proibição. Mas guarda bem isto: eu sou poderoso e, contudo, não sou mais que o guarda mais inferior; em cada uma das salas existem outros sentinelas, um mais poderoso do que o outro. Eu não posso suportar já sequer olhar o terceiro". Diante disso, o camponês se intimida e passa a vida toda diante da porta da lei, sem nunca, porém, ter adentrado em seu interior.

De todas as interpretações possíveis atribuídas a este mito kafkaniano, podemos identificar no guarda o protótipo do sujeito

---

[130] Antes que se diga, erroneamente, que estamos aqui a defender uma espécie de vinculação do precedente ou da jurisprudência constitucional, registre-se que o que defendemos no texto é uma vinculação à principiologia constitucional, que, com as devidas ressalvas, podemos dizer ser *descoberta* pela corte, mas não *inventada* por ela. Vale dizer, o princípio que se extrai da decisão do STF não é uma criação dos onze ministros que compõem a corte, mas o resultado de um processo histórico que se encontra decantado num contexto narrativo do qual a jurisprudência é apenas o elo final da cadeia. Veja-se, por exemplo, que a própria doutrina, no desempenho do seu papel, pode influenciar a construção de um princípio e, nem por isso, estaríamos falando da vinculação da doutrina...!

solipsista, senhor dos sentidos e soberano diante de sua representação do mundo. O sujeito solipsista imagina estar no comando de tudo, inclusive da lei, e pode, assim, anuir ou impedir a entrada do camponês. A *estória* ainda afirma existirem várias sentinelas – igualmente solipsistas – que também irão impedir a entrada do homem na lei. Mas há, nessa fórmula absurda com a qual Kafka representa o direito, uma possibilidade de se descobrir uma verdade sobre a democracia e o Estado Constitucional: uma democracia não se faz a partir da soma de vários "guardas da lei", mas sim de uma constituição comunitária que oferece a todo cidadão a garantia de ser governado pela lei (entendida num contexto em que a legalidade só se legitima sob o manto da constitucionalidade), e não pela vontade de qualquer um de seus representantes.

Impressão:
Evangraf
Rua Waldomiro Schapke, 77 - POA/RS
Fone: (51) 3336.2466 - (51) 3336.0422
E-mail: evangraf.adm@terra.com.br